□ 袁涤非　主编

中国礼仪文化丛书
Chinese Etiquette Culture Book Series

服务礼仪

中国礼仪

□ 洪夏子　王姿琰　贺罗娜　编著

东北大学出版社

U0654612

ⓒ 洪夏子 王姿琰 贺罗娜 2018

图书在版编目（CIP）数据

中国礼仪. 服务礼仪 / 洪夏子，王姿琰，贺罗娜编
著. — 沈阳：东北大学出版社，2018.4（2025.1 重印）
（中国礼仪文化丛书 / 袁涤非主编）
ISBN 978-7-5517-1866-0

Ⅰ．①中… Ⅱ．①洪… ②王… ③贺… Ⅲ．①服务业
－礼仪－基本知识－中国 Ⅳ．①K892.26

中国版本图书馆 CIP 数据核字（2018）第 090621 号

出 版 者：东北大学出版社
　　　　　地址：沈阳市和平区文化路三号巷 11 号
　　　　　邮编：110819
　　　　　电话：024-83683655（总编室）　83687331（营销部）
　　　　　传真：024-83687332（总编室）　83680180（营销部）
　　　　　网址：http://www.neupress.com
　　　　　E-mail：neuph@neupress.com
印 刷 者：三河市万龙印装有限公司
发 行 者：东北大学出版社
幅面尺寸：170mm×240mm
印 张：12　　　　　　　　　字 数：203 千字
出版时间：2018 年 4 月第 1 版　印刷时间：2025 年 1 月第 2 次印刷
策 划：郭爱民　　　　　　　责任编辑：朱 虹 牛连功
责任校对：杨世剑　　　　　　封面设计：琥珀视觉

ISBN 978-7-5517-1866-0　　　　　　　　定 价：58.00 元

— 序 —

　　于治国而言，"治国不以礼，犹无耜而耕也"；于修身而言，"今人而无礼，虽能言，不亦禽兽之心乎?"礼仪是人内在品德修为的外在表现，在中华民族的传统美德中占有十分重要的地位。当前，中国特色社会主义伟大事业已进入新时代。"仓廪实而知礼节"，在经济社会迅速发展、国人物质生活得到前所未有满足的新形势下，礼仪文化建设作为社会主义思想道德建设的重要内容，作为培育和践行社会主义核心价值观的重要手段，弘扬与规范之，可谓恰逢其时。

　　中华民族是礼仪之邦，以编辑文献的形式约定礼仪规范古已有之。西汉礼学家戴圣编纂的《礼记》（又名《小戴记》《小戴礼记》），选编了秦汉以前的各种礼仪论著（如《曲礼》《檀弓》《王制》《月令》《礼运》《学记》《乐记》《中庸》《大学》等）49 篇，既确立了礼仪规范的基本标准（即"傲不可长，欲不可纵，志不可满，乐不可极)，又从道德仁义、教训正俗、分争辨讼、尊卑长幼、宦学事师、班朝治军、莅官行法、祷祠祭祀等方面阐述了礼仪的广泛用途，还制定了大至国家祭祀、小至家庭婚丧之丰富而具体的行为规范，影响中国 1700 余年。然而，我国现代礼仪文化研究起步很晚，对礼仪文化的研究还处于初级阶段。礼仪文化作为一门内涵小、外延广的边缘学科，还远远不能满足现代文明社会的需求，其科学性、系统性还有待提升到一个新的高度。我和湖南省礼仪文化研究会的各位同人，在从事礼仪文化的研究、教学、培训和推广过程中，常常因文献和教材不足而颇感遗憾。同时，作为礼仪文化工作者，我们也感到自身所肩负的重要责任。因此，我们试图通过撰著"中国礼仪文化丛书"为礼仪文化发展作一些有益的探索，怀抛砖引玉之心，为礼仪文化不断进步略尽绵薄之力。

　　对礼仪的分类，古已有之。传统礼仪有吉礼、凶礼、军礼、宾礼、嘉礼"五礼"之说。我们选择《公务礼仪》《商务礼仪》《服务礼仪》《医护礼仪》《形象礼仪》《生活礼仪》《言谈礼仪》《餐饮礼仪》《职场礼仪》《涉外礼仪》《儿童礼仪》作为丛书的

11 个分册，一方面是因为这 11 个专题的礼仪具有鲜明的现代社会特点，贴近日常工作和现实生活；另一方面，它们所包含的礼仪文化内涵无疑是现代礼仪的应有之义。当然，这与我们当前对礼仪文化研究业已取得的成熟成果分不开。

丛书的内容选择偏重于实践。其一，注重继承和弘扬中华民族优秀礼仪传统。中华礼仪源远流长，几千年中形成的礼仪传统符合大多数国人的心理定势，其中相当大的部分现在仍然适用。其二，单设分册介绍涉外礼仪内容。全球化是当今世界大势所趋，文化大融合不可逆转。借鉴和吸收世界各地的优秀礼仪文明，有利于在国际交往中传播中华礼仪文化、展示国人礼仪形象。其三，中华人民共和国成立已近 70 年，有必要在社会主义核心价值观和公民道德规范框架下，建立新时代中国特色社会主义礼仪规范体系。我们尝试从贴近大众生活的 11 个方面入手，探索建立一套切实可行的，能提升公民道德修养、提高社会文明程度的礼仪规范，并通过我们的教学、培训和读者的阅读，身体力行予以弘扬。其四，除了社会大众需要遵守的一般礼仪规范，我们还根据部分特定场合、特定人群、特定职业的不同特点，有针对性地总结和制定了一些针对特殊需要的礼仪规范，以增强"中国礼仪文化丛书"的实用性，更好地指导人们把学到的礼仪规范运用到生活和工作中。

参与丛书撰写的 33 位作者，都是湖南省礼仪文化研究会的中坚力量。他们不仅是长期从事礼仪教学、研究的优秀学者，还是在医疗护理、企业管理、市场营销、心理咨询、幼儿教育等一线工作的佼佼者。他们既有较深厚的理论功底，也有丰富的实践经验。丛书凝聚着作者们的智慧及心血。那些娓娓道来的礼仪阐释、生动有趣的礼仪案例、标准规范的礼仪影像，一定能让读者诸君学有所获、学有所用，使大家成为真正有修养、有品位、有风度、有气质，懂得爱己爱人的现代人。

袁涤非

2018 年 4 月于岳麓山下

目　录
Contents

第一章　绪　论

第一节　礼仪概述
一、礼仪的起源与发展 / 2

二、礼仪的内涵与特征 / 7

三、礼仪的原则与功能 / 10

第二节　服务礼仪概述
一、服务的内涵 / 14

二、服务礼仪的内涵 / 16

三、服务礼仪的重要性及作用 / 17

四、服务礼仪的原则 / 18

五、服务礼仪的特点 / 19

第二章　服务形象礼仪

第一节　服务仪容礼仪
一、发型发式 / 23

二、面部妆容 / 25

三、手部、颈部、脚部 / 29

四、皮肤护理 / 31

第二节　服务仪表礼仪
一、服务表情礼仪 / 34

二、服务服装礼仪 / 36

三、服务饰品礼仪 / 39

第三节　服务仪态礼仪

一、服务站姿礼仪 / 42

二、服务坐姿礼仪 / 44

三、服务走姿礼仪 / 47

四、服务蹲姿礼仪 / 49

五、服务手势礼仪 / 51

第 **三** 章　服务沟通礼仪

第一节　服务中沟通技巧概述

一、沟通的定义 / 56

二、沟通的三大要素 / 57

三、沟通障碍的形成及化解 / 59

四、沟通的三原则 / 62

第二节　服务中的有效倾听

一、倾听的五个层次 / 64

二、有效倾听的技巧——同理心 / 65

第三节　服务中的赞美技巧

一、赞美的作用 / 69

二、赞美的方式和角度 / 71

三、赞美的技巧 / 73

四、电话礼仪 / 73

第 **四** 章　主要服务行业礼仪规范（一）

第一节　餐饮行业服务礼仪规范

一、餐饮行业服务流程礼仪 / 79

二、餐饮行业服务用语规范 / 91

第二节　酒店行业服务礼仪规范

一、酒店行业服务流程礼仪 / 94

二、酒店行业服务用语规范 / 104

第三节　金融行业服务礼仪规范

一、金融行业服务流程礼仪 / 111

二、金融行业服务用语规范 / 120

第 五 章　主要服务行业礼仪规范（二）

第一节　汽车销售行业服务礼仪规范

一、汽车销售行业服务流程礼仪 / 131

二、汽车销售行业服务用语规范 / 144

第二节　交通运输行业服务礼仪规范

一、交通运输行业服务流程礼仪 / 147

二、交通运输行业服务用语规范 / 161

第三节　旅游行业服务礼仪规范

一、旅游行业服务流程礼仪 / 170

二、旅游行业服务用语规范 / 180

参考文献 / 183

后　记 / 184

　　在现代社会中，礼仪往往是衡量一个人文明程度的准绳，是一个国家社会风气的现实反映，是一个民族精神文明和进步的重要标志。礼仪已经渗透到社会生活的各个环节、各个领域，无论是对个人、对国家，还是对社会的发展都起着越来越重要的作用。本章着重介绍了中国礼仪的起源和发展，明确了礼仪的内涵和定义，阐述了礼仪的特征、功能、作用，最后介绍了礼仪的一个重要分支——服务礼仪。

　　随着科技的日新月异，经济的快速发展，企业的技术、产品、营销策略等各方面都是非常容易被竞争对手复制和模仿的，而不可替代的则是每名服务人员所具备的服务意识、展现出来的服务形象、达到的服务质量标准。把服务客户放在第一位，以满足客户的需求为目的，为客户提供专业化、规范化、人性化的服务，是使现代企业立于不败之地的重要因素。服务人员有形、规范、系统的服务礼仪不仅可以树立企业的良好形象，还可以使服务人员在与客户的交往中获得对方的理解与信任，进而达到为企业盈利的最终目的。因此，作为服务人员，学习和运用服务礼仪，不仅是提升自我形象的需要，更是企业塑造品牌形象、实现长远发展的需要。

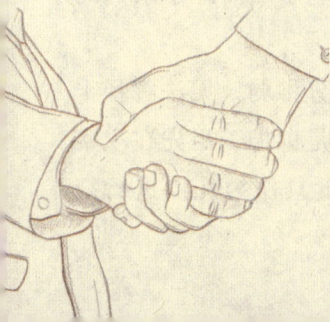

第一节　礼仪概述

案例导入

住在上海的小李一家准备在当天晚上接待远道而来的准亲家一家。为了以示重视，小李特地订了一家高档的海鲜餐厅。两家人见面以后很是开心，席间宾主你来我往，杯光盏影，气氛热烈。这时服务员为每名宾客奉上了一个精美小巧的玻璃器皿，水面上还飘着美丽的玫瑰花瓣，准亲家看了非常高兴，觉得上海人就是讲究，端起玻璃器皿，把水一饮而尽。这样的情景让小李的家人目瞪口呆，玻璃器皿里的水是用来洗手指用的，而准亲家却喝了。这时，有个侍者正准备上前提醒，小李的父亲却用眼神制止了。他不动声色地一边和准亲家聊天，一边若无其事地端起自己面前的洗手水大方地一饮而尽，一场看似尴尬的场面被化解了。小李父亲为他人设身处地着想，用自己对他人的尊重体现了自己应有的风度，不动声色地维护了对方的颜面。

一、礼仪的起源与发展

中华文明上下五千年，中国素有"礼仪之邦"的美誉。五千年的悠悠岁月中，随着生产力水平的提升、社会的发展，人类社会化属性的日益增强，礼仪文化的内涵日渐丰富，终于达到今日之博大精深。但这种发展并未呈现出直线上升的趋势，其间的曲折跌宕，一如中国波澜壮阔的历史。

（一）礼仪的起源

从原始社会起，礼仪之根就开始萌芽，但当时的礼仪主要是一些礼节。最早的礼节用于对神灵的祭祀，所以就有了"礼立于敬而源于祭"的说法。

原始时期的人类面对变幻莫测的大自然，显得十分稚弱，无法解释千变万化的自然现象和突如其来的自然灾害，因此认为是鬼神、祖先在主宰人类的一切。人们开始用当时的一些精致、豪华的食具作为礼器进行祭祀，以表示他们对神灵、对祖先的敬畏，祈求保佑，祈求平安。这种祭祀活动可以看作礼仪的萌芽。

同时，随着家庭的形成，做父母的要抚养和关爱幼小的尚不能独立生活的子女；子女长大成人之后，则要赡养年迈的父母；兄弟姐妹之间也要互相关爱。早在尧舜时期，"五礼"（即父义、母慈、兄友、弟恭、子孝）就已形成，这对家庭成员之间的关系做出了明确的规定。这时，礼仪把家庭成员的言谈举止规范化了。

在社会活动中，人与人之间也渐渐形成了最初级、最原始的礼仪。在狩猎、耕种和部落之间的争斗中，同一群体中的人通过用眼神、点头、拉手等来示意互相之间如何配合。日常生活中，人们不自觉地用击掌、拥抱、拍手来表达欢快的感情，用手舞足蹈来表示狩猎获得食物的喜悦。人们之间这种相互的呼应、关照，逐步形成了一种习俗，这便是最初待人接物的礼节（现在的握手礼就始于原始社会），所以，礼仪成为当时人们交往沟通的一种"语言"。

原始社会后期，随着社会的发展，人们在生产和生活中的分工越来越细，于是产生了发号施令的领导者和服从安排的被领导者。为了维护领导者的地位，体现领导者和被领导者的等级差别，出现了尊卑有序、男女有别。例如：左尊右卑；在重大场合上，习惯以主人或东道主的左侧方位为尊位，其右侧为卑位。此时，礼仪又成了维系等级差别的需要，成为领导者教化子民、维持领导地位的工具。

所以，礼仪在萌芽时期，主要用于祭祀、规范家庭成员言行举止、人际交往中待人接物以及维护领导者的统治地位。

（二）礼仪的发展

每当中国进入一次大变革、大发展的历史时期，礼仪也随着时代的变迁而不断演变、充实和更新。漫长的礼仪文化发展史，可以大致分为礼仪孕育时期、礼仪形成时期、礼仪变革时期、礼仪鼎盛时期、礼仪衰落时期及现代礼仪时期。

1. 礼仪孕育时期

礼仪起源于距今百万年前的原始社会时期，随着人类逐渐进化而不断丰富、演变。在原始社会中、后期就孕育出早期礼仪的"胚胎"。比如，距今约1.8万年前的北京周口店人，已经会使用穿孔的兽齿、石珠作为装饰品，穿戴在脖子和手上。他们还会向逝去的族人周围撒放赤铁矿粉，以表示对族人去世的哀悼，这也可以说是中国历史上出现最早的宗教葬礼。

2. 礼仪形成时期

公元前 21 世纪至公元前 771 年，中国由金石并用时代进入青铜器时代。金属器皿的使用，把农业、畜牧业、手工业生产带到一个全新的时期。随着生产水平的大幅提高，除消费外，开始有了剩余，于是有了不劳而获的统治阶级与辛苦劳作的被统治阶级，由此产生了阶级对立，原始社会彻底瓦解。

在这个时期，由于中国刚从原始社会进入早期的奴隶社会，尊神活动仍被延续，并有日渐升温的趋势。在原始社会，由于缺乏科学知识，人们对于许多自然现象还不太理解，因此他们敬畏和祭祀"天神""河神"。在某种意义上，早期的礼仪是指原始社会人类生活的若干准则，也是原始社会宗教信仰的产物。

直至周朝，礼仪开始有所建树。周武王、辅佐周成王的周公，对周代礼制的确立都起到了重要作用。他们制作了礼乐，将人们的行为举止、道德情操等全部纳入当时的社会体制中，形成了一个尊卑有序的社会。《周礼》是中国流传至今的第一部礼仪专著，整理了周朝的官职表，用于讲述周朝的典章制度。由此可见，许多基本礼仪在商末周初便已基本形成。

在西周，青铜礼器已开始盛行，它是个人身份的象征——礼器的多寡代表身份地位的高低，显示权力的等级。在当时，贵族身上一般都佩戴成组的玉石，以显示身份地位。同时，尊老爱幼这类深入人心的礼仪规范在西周已蔚然成风，如当时孔子的"入则孝，出则悌，谨而信，泛爱众，而亲仁，行有余力，则以学文"，孟子的"老吾老以及人之老，幼吾幼以及人之幼"等都成为教育后人尊老爱幼的名言警句，至今也是人们的行为准则。所以，西周时期应该是礼仪的形成时期。

3. 礼仪变革时期

春秋战国时期，以孔子、孟子为代表的儒家系统地阐述了礼仪的起源、本质和功能。儒家文化一直主导着我国封建社会，影响达几千年之久。儒家思想宣扬"礼教"，提出以"修身""真诚"为本，认为在各种伦理关系中，对人诚实无妄才是"礼"的最高境界。孔子非常重视礼教，将"礼"作为治国、安邦、平天下的基础，他倡导用"礼"来约束和规范人的行为准则，认为："不学礼，无以立。""君子义以为质，礼以行之，孙以出之，信以成之。君子哉！"意思是说：君子要以义作为根本，用礼加以推行，语言表达要谦和，待人处世态度要真诚，这才称得上是谦谦君子。孟子提出"五伦"（即君臣、父子、兄弟、夫妇、朋友五种人伦关系），倡导父子之间有骨肉之亲，君臣之间有礼义之道，夫妻之间挚爱而又内外有别，老少之间有尊卑之序，朋友之间有诚信之德。这是处理人与人之间关系的道理和行为准则。这一时期，除儒家之外，还有其他思想主张，如：道家崇尚自然无为、独善其身，主张废除一切礼仪；法家推崇强权政治，主张以法代礼；墨家主张平等、博爱、利他，以义代礼。各家的主张虽然不同，但正是这种百家争鸣、各种思想相互吸收和融合，才使礼仪的内涵发生了较大的变革。所以，春秋战国时期是礼仪的变革时期。

4. 礼仪鼎盛时期

公元前221年，中国历史上第一个中央集权制的封建王朝——秦朝——建立了。秦始皇在全国推行"书同文""车同轨""行同伦"，成为延续两千余年的封建体制的基础。

西汉初期，思想家董仲舒把封建专制制度的理论更加系统化，提出了"唯天子受命于天，天下受命于天子"。他把儒家礼仪概括为"三纲五常"，即"君为臣纲，父为子纲，夫为妻纲"和"仁义礼智信"。他还提出了"罢黜百家，独尊儒术"的思想，让儒家礼教成为了定制。

汉代，一部包罗万象、堪称集上古礼仪之大成的《礼记》问世，它把奴隶社会和封建社会的礼仪汇集成册，成为封建时代礼仪最经典的著作。其中，有讲述古代风俗的《曲礼》，有谈论饮食和居住文化的《礼运》，有记录家庭礼仪的《内则》，有记载服饰礼仪的《玉藻》，有论述师生礼仪的《学记》，还有教授人们道德修养的《大学》。《礼记》对礼仪分类论述，内容十分丰富。

唐宋时代，《礼记》已由"记"上升为"经"，出现了以儒家思想为基础，融合道学、佛学思想的理学，朱熹便是其中的主要代表人物。他指出："仁莫大于父子，义莫大于君臣，是谓三纲五常之本。人伦天理之至，无所逃于天地间。"这一时期对于家庭礼仪的研究也是成果颇丰。在大量的家庭礼仪著作中，《朱子家礼》《司马氏书仪》最著名。前者相传为朱熹所著，后者为司马光撰写。

所以，这一时期的礼仪研究硕果累累，礼仪形式的发展也日趋完善，忠、孝、节、义等礼节也日趋繁多。无论是内容还是形式，礼仪都进入了鼎盛时期。

5. 礼仪衰落时期

清朝入关后，开始逐渐接受汉族的礼制，并使其复杂化，让礼仪变得死板、烦琐。如清代的品官相见，当品级低者向品级高者行跪拜礼时，一般是一跪三叩，甚至三跪九叩。清代后期，贪污腐败盛行，官员腐化堕落，封建社会由盛转衰。随着洋务运动的兴起，西方礼仪开始传入中国，而西方礼仪与中国推崇的礼仪思想有很大的差异。所以，这一时期中国的传统礼仪规范无论是内容还是形式，都受到了西方礼仪的强烈冲击，出现了"大杂烩"式的礼仪思想，封建礼教开始土崩瓦解。

6. 现代礼仪时期

清末，鸦片战争打开了中国长期封闭的大门，国人开始了解西方的政治、经济、文化。大批爱国人士为寻找富民强国的道路，在把西方的文化、科技引入中国的同时，也把西方礼仪介绍进来。辛亥革命之后，封建王朝覆灭，中国人民为摆脱封建礼教的束缚而不断地进行变革。直到1949年10月，中国进入一个崭新的时期，封建礼教被彻底废除，逐步形成了现代礼仪。

改革开放以来，随着中国与世界各国交往的日趋频繁，在我国传统礼仪的基础上，融入了西方先进的礼仪文化，形成了中国特色的新型社会关系和人际关系，那就是：平等相处，团结友爱，互帮互助，礼尚往来。礼仪从内容到形式都在不断变革，构成了社会主义礼仪的基本框架，现代礼仪进入了全新的发展时期。2005年，中央电视台一系列"迎奥运，讲文明，树新风"公益广告热播，各行各业的礼仪规范纷纷出台，如政务礼仪、商务礼仪、服务礼仪、教师礼仪、医护礼仪、国际礼仪等，社会上还出现了各种针对不同年龄、不同阶层的礼仪培训机构，如儿童礼仪、中学生礼仪、大学生礼仪、求职礼仪、职场礼仪等，人们越来越深刻认识到"不学礼，无以立"的道理，学习礼仪知识的热情日益高涨。

2017年10月18日，习近平总书记在党的十九大报告中强调："要提高人民思想觉悟、道德水准、文明素养，提高全社会文明程度。广泛开展理想信念教育，深化中国特色社会主义和中国梦宣传教育，弘扬民族精神和时代精神，加强爱国主义、集体主义、社会主义教育，引导人们树立正确的历史观、民族观、国家观、文化观。深入实施公民道德建设工程，推进社会公德、职业道德、家庭美德、个人品德建设，激励人们向上向善、孝老爱亲，忠于祖国、忠于人民。"这是我们构建当代礼仪文化的指南。我们应遵循"取其精华，去其糟粕"的原则，将传统礼仪文化的精髓融入现代文化的体系，以社会主义核心价值观的构建为契机，促使礼仪意识变为礼仪行为。

二、礼仪的内涵与特征

礼仪无处不在，渗透于工作、生活的方方面面，不仅有时代的烙印，而且还会呈现出一些行业的特点与要求，但其基本的内涵始终是较稳定的。

（一）礼仪的内涵

在古代，礼仪指的是为敬神而举行的各种仪式。如《诗经·小雅·楚茨》中"献醻交错，礼仪卒度"，讲的是古代在酒宴中主宾敬酒交互错杂，礼仪合乎法度。《周礼·春官·肆师》中"凡国之大事，治其礼仪，以佐宗伯"，意思是凡是涉及国家的事务，都应讲究合乎礼仪，用礼仪来辅助宗伯。这时对礼仪的基本定义是"致福曰礼，成义曰仪"，由此可知，当时的礼仪是为维护封建统治阶级而制定的基本制度和行为规范。

在现代，通常所说的礼仪是一种待人接物的行为规范，是一种交往的艺术表现。它是人们受历史传统、风俗习惯、宗教信仰、时代潮流等因素影响而在长期社会交往中形成的。礼仪既为人们所认同，又为人们所共同遵守，是在建立和谐关系的基础上各种符合客观要求的行为准则和规范的总和。但无论是古代还是现代，礼仪的内涵都具体表现在礼貌、礼节、仪表、仪式等方面。

礼貌，是指人们在彼此交往过程中表示尊敬、重视和友好的言谈举止。比如，我们经常会用"这个孩子真有礼貌"来表扬一个孩子主动与客人打招呼的举动。礼貌是以尊重他人、不侵害他人利益为前提的，是表达人与人之间和谐相处的意念和行为，如尊老爱幼、尊师重教、乐于助人、热情好客等。

礼节，是指人们在日常交际活动中，相互表示尊重、祝愿、问候、致意、慰问等待人接物方面的形式，如拜会、握手、馈赠、吊唁等。

仪表，是指人的外表、穿着，它主要指美的外在形象，引申为人的精神状态，如容貌、服饰、表情、姿态、风度等。

仪式，是指在一定场合举行的具有专门程序和形式的社会活动，如升旗仪式、奠基仪式、开学典礼、毕业典礼、剪彩仪式等。

所以，现代礼仪是人们在社会交往活动中，为了相互尊重，在仪容、仪表、仪态、仪式、言谈举止等方面约定俗成、共同认可的行为规范。"礼"是内在的，是人们对自己、对他人表示尊重和敬意的态度；而"仪"是外在的，是人们通过一定的动作、形式等表现出来的"礼"。"礼"是一种观念、一种意识、一种态度，而"仪"是外在的表现形式。"礼"字解决了，"仪"字迎刃而解；"礼"字不解决，即使懂得一些形式上的东西，也难以将其落实在行动上而形成习惯。"态度决定一切""心有敬而形于外"就是这个道理。

(二) 礼仪的特征

同一历史时期，不同国家、民族、地域会有不同的礼仪规范，所谓"百里不同风，千里不同俗"。不同的历史时期，礼仪更会打下那个时代的烙印。礼仪的内容虽然存在差异，但其基本特征是一致的，主要表现为以下四个方面：

1. 继承性

礼仪，是一种文化修养，是人类在长期的共同生活和交往中，为维持正常生活秩序而逐渐演变或约定俗成的。在这个过程中，传统礼仪中那些烦琐、保守、与社会发展不适应的内容被不断摒弃，只有那些体现了人类精神文明和社会进步的精髓才得以世代传承。比如生活中我们常说"礼尚往来""来而不往非礼也"，说话要谦恭、和气、文雅，仪态要大方、恭敬、从容，仪表要端庄、得体、简洁，对待他人要知晓爱亲、敬长、尊师、亲友之道，等等。古往今来，这些优良传统在古代适用，在当今社会也同样适用，并已成为人们生活中的一种习惯和规范。所以，无论世事如何变迁，一些好的思想观念、礼仪传统总会代代相传，被延续继承。

2. 差异性

礼仪，作为一种共同遵守的行为规范，在实际应用中还会受到时间、地域、环境及各种因素的制约，具有很大的灵活性。任何国家、民族、地区都有其礼仪的特色，这是按照地域和群体来划分的，也是礼仪的一个十分重要的特点。一方面它表现在某个地域中或某类群体中具有共同的礼仪习俗；另一方面又说明地域与地域之间、群体与群体之间的礼仪习俗有不同的地方。各自不同的文化背景和历史原因等多方面因素造成了这种不同，也由此产生了多姿多彩的礼仪文化。比如，西方人在见面礼仪中讲究拥抱，提倡"女士优先"；但东方人大多将握手作为见面的礼节。有的地方把抚摸小孩的头当作亲切的表示，而有的地方却认为这是极无礼的行为。在庆典活动中，有的民族喜欢跳舞，有的民族喜欢唱歌，有的民族喜欢泼水。所以，每到一个新的地方，最好先了解一下当地的礼仪习俗，以便入乡随俗，这样更能体现对交往对象的尊重。

同一种礼仪，对不同年龄、不同性别、不同职业的人也会有不同的呈现方式。例如，同样是打招呼，男性之间与女性之间的问候方式会不同，老朋友之间与新朋友之间的问候方式也不同。再如，同样的话语，站在不同角度表述也会不同，对年轻人来说可能没有什么，可是对中老年人来说就可能会伤害他；对同性来说很正常，对异性来说可能就失礼了。正因为礼仪存在如此大的差异性，所以要求我们在不同的时间、场合都运用相应的礼仪来展现自己的风采，而不是生搬硬套、千篇一律，把礼仪变成一种死板的教条，那样反而会失礼了。

3. 针对性

人际交往讲究公平公正、一视同仁，但更讲究对等原则，即"投之以桃，报之以李""礼尚往来"，所以礼仪礼节具有很强的针对性。如公务接待时，应当派出与对方身份、职位基本相同的人员进行接待，迎送人员数量要适宜，不可过多或过少，基本上与对方对口、对等。一个单位的处长出访另一个单位时，被访单位也应由处长出面接待，至少要安排会见。

4. 规范性

礼仪是人们在交际场合待人接物时所必须遵守的行为规范。"必须遵守"，就是不能依据个人的意愿随意改变。它已经成为人们彼此交往的"通用语言"，成为衡量他人和判断自己是否自律敬人的标尺。如果人们能自觉地遵照并维护这一准则，那么便是符合礼仪要求。如果总是自作主张、一意孤行，或者一味按照自己的喜恶行事，那么就会给他人造成许多困扰。例如，别人握手时伸出右手，而你偏伸出左手；在宴席上，别人都在小口品酒，而你却大口干杯；开会时别人都把手机调至静音或震动模式，你的手机铃声却不时响起……这种偏离常规的做法，轻则造成沟通的障碍，使别人不清楚你要表达的意思；重则令人觉得你对他人失敬。所以礼仪一旦约定后必须俗成，具有强制性和规范性。

三、礼仪的原则与功能

礼仪是约定俗成的行为规范。既然是规范，当然有一定标准和尺度来衡量其是否规范。礼仪的规范很多，可以说是包罗万象，因为它涉及生活和工作的方方面面。但只要掌握了一些基本原则，复杂的问题也就简单化了。

（一）礼仪的原则

讲礼仪，应遵循以下四条原则：

1. 尊重原则

礼仪的核心是尊重，诚如孟子所言："尊敬之心，礼也。"所以，礼仪的实质只有一个字——"敬"。"敬"字包含两层含义：一是"尊敬"，即尊敬长辈、尊敬师长、尊敬交往对象、尊敬所有人，尊敬他人就是尊敬自己；二是"敬畏"，即敬畏制度、敬畏法律、敬畏生命。敬畏制度，你上班就不会迟到，因为你知道，这是最基本的劳动纪律；敬畏法律，你就不会做违法乱纪的事情，绝不触碰法律底线；敬畏生命，你就不会"酒驾"，就不会做危及他人生命的事情。一个人如果有了"尊敬"之心、"敬畏"之意，就一定会是一个有道德有修养、懂得爱己爱人的人。

尊重原则要求人们在人际交往中与交往对象相互尊敬、相互谦让、和睦相处。"尊重"二字，在实际生活中体现为：尊重上级，是一个人的天职；尊重下属，是一个人的美德；尊重客户，是一个人的风度；尊重所有的人，是一个人的教养。人际交往中，不管年龄大小、职务高低，都应当受到尊重。对待他人要有敬重的态度，不可失敬于人，不可伤害他人的尊严，更不可侮辱他人的人格。特别是对待自己的下属和晚辈，有时他们做错了事，虽然可以严厉批评，但切不可表现出任何的不屑和鄙视，否则你也不可能得到他们的尊重。如果遇到对方有意伤害自己尊严，要坚决维护。所以，人与人之间相互尊重，是人际关系中讲究礼仪的基本出发点。

尊重原则也就成了礼仪的核心原则。

2. 遵守原则

礼仪是社会生活的行为准则，它反映了人们的共同意识。世界上各民族、各阶层、各党派、各国家，都应当自觉维护、共同遵守礼仪。尤其在公共场所，更要遵守礼仪规范，否则将受到公众的批评和指责。例如，在马路上，要遵守行人走人行道，骑自行车走右侧自行车道，遇红灯要止步、见绿灯才通行等规则。在日常交往中，尤其是拜访他人或求人办事之时，要遵时守约、诚恳待人。

3. 适度原则

俗话说"礼多人不怪"，但在实际生活中，礼多了人也怪。热情过度、礼节繁多，会显得太过迂腐，反而让人反感、厌恶。例如，招待宾客时，周到地为客人端茶添水，请人就座，这都在情理之中；但如果宾客第一次来访，用餐之后起身告辞，主人却硬要留人夜宿，反而会显得太过热情，让人为难，甚至会引起对方的反感。因此，人际交往中言行举止既要合乎规范，又要得体适度。俄国短篇小说家契诃夫《小公务员之死》中的主人公"小公务员"，就是礼仪不适度的典型案例。

4. 自律原则

个人是礼仪行为的实施者，应当首先"从自我做起"，要人前人后一个样，要一视同仁，才能创造出自然和谐的相处氛围。礼仪规范不是用来约束别人的，而是用来修正自己的言行，不断完善自我的行为准则。如果一味地苛求别人而放纵自己，只会变成"孤家寡人"。因此，在学习、应用礼仪过程中，最重要的是要自我要求、自我约束、自我检视、从我做起。要加强自身修养，完善个人人格。古人常将"慎独"二字写成书法作品挂在书房作为一种修身养性的方法，就是时时提醒自己独处时也要"谨小慎微"。其实，不断地自律就逐渐形成了习惯，所谓"习惯成自然"就是这个道理。养成良好的习惯，既可消除自我约束的感觉，也可使自律成为自觉。

（二）礼仪的功能

礼仪是人类精神和物质文明成果的精髓，内容丰富，应用广泛，无论是对社会的和谐进步，还是对经济的发展，都有极大的促进作用，具体体现在以下几个方面。

1. 教育作用

礼仪以一种道德习俗的方式对社会中的每一个成员发挥维护社会正常秩序的教育作用。人们通过礼仪的学习和应用，建立新型的人际关系，从而在交往中严于律己、宽以待人，互尊互敬、互谦互让，讲文明、懂礼貌，和睦相处，形成良好的社会风尚。陶行知校长用四块糖果教育学生要守时，要勇于承认自己的错误，要懂得尊重他人的故事就是在用礼仪教育人、塑造人。

2. 美化作用

礼仪之美在于它帮助人们美化自身、美化生活，从而美化整个社会。个人形象，包括仪容、仪表、仪态、谈吐、教养等，在礼仪方面都有各自详尽的规范，因此学习和运用礼仪，有益于人们更好地、更规范地设计和维护自身形象，充分展示个人的良好教养与优雅风度。如面带微笑、有礼貌地跟人打招呼，不小心碰撞他人时说声"对不起"，大庭广众之下轻声细语，这些都能展现自己美的形象。作为社会成员的每个人变美了，整个社会也就变美了。

3. 协调作用

礼仪作为人们在社会生活中逐渐形成的行为规范和准则，它约束着人们的态度和动机，规范着人们的行为方式，维护着社会的正常秩序，协调着人与人之间的关系，在社会交往中发挥着巨大的作用。比如，上班前向父母打个招呼，见到同事热情问好，这些看似细小的礼节礼貌，会像一条美丽的纽带，把自己同对方紧密地联系起来，协调与他们之间的关系，从而获得周围人的认可与赞美，营造良好的人际交往氛围，让生活环境更加舒心、更加和睦。

4. 沟通作用

自觉遵循礼仪规范，能使交往双方的感情得到良好的沟通，在向对方表示尊重、敬意的过程中，获得对方的理解和尊重。例如，在社交场合司空见惯的握手礼，是古时人们为了表示友好，扔掉手上的工具，摊开手掌，双方击掌，示意手中没有任何武器，不会攻击对方。后来逐渐演变成双方握住右手，相互寒暄致意的见面礼节。这样的无声语言，起到了互致友好、沟通情感的作用。

习近平总书记在党的十九大报告中指出："社会主义核心价值观是当

代中国精神的集中体现，凝结着全体人民共同的价值追求。要以培养担当民族复兴大任的时代新人为着眼点，强化教育引导、实践养成、制度保障，发挥社会主义核心价值观对国民教育、精神文明创建、精神文化产品创作生产传播的引领作用，把社会主义核心价值观融入社会发展各方面，转化为人们的情感认同和行为习惯。坚持全民行动、干部带头，从家庭做起，从娃娃抓起。深入挖掘中华优秀传统文化蕴含的思想观念、人文精神、道德规范，结合时代要求继承创新，让中华文化展现出永久魅力和时代风采。"文明礼貌、助人为乐、爱护公物、保护环境、遵纪守法是中华优秀传统文化蕴含的思想观念、人文精神、道德规范。礼仪修养既属于道德规范体系中的社会公德，是社会主义精神文明的内容；也符合千百年来优良传统的习惯，是适应最大多数人需要的道德伦理规范。因此，礼仪是和谐社会的基本要求，是人们希望有安定和平生活环境、有正常社会秩序的共同要求，更是和谐社会中全体公民为维系社会的正常生活而共同遵循的最基本的公共生活准则，是不可或缺的行为规范。

📭 延伸阅读

[1] 姬仲鸣,周侃.孔子:上卷[M].北京:中央民族大学出版社,1998.

[2] 杨朝明.荀子[M].开封:河南大学出版社,2008.

[3] 黄怀信.大学 中庸讲义[M].北京:清华大学出版社,2013.

[4] 司马光.资治通鉴[M].太原:北岳文艺出版社,2013.

[5] 刘同.谁的青春不迷茫[M].北京:中信出版社,2012.

[6] 李清如.跟杨澜学做完美女人[M].武汉:武汉出版社,2012.

[7] 周小平.请不要辜负这个时代[M].海口:南海出版公司,2014.

🖥 视频链接

1. 中国大学精品视频公开课"现代礼仪"第一讲。http://www.icourses.cn/web/sword/portal/videoDetail? courseId = c90fe3c3 - 1332 - 1000 - 9af0 - 4876d02411f6。

2. 国家精品在线开放课程（慕课）"现代礼仪"第一章。http://www.icourse163.org/course/HNU - 20005。

3. 中央电视台10频道《百家讲坛》特别访谈节目《解读于丹》。

第二节 服务礼仪概述

📑 案例导入

在一个秋高气爽的日子里，小李穿戴整齐，第一次独立走上迎宾员的岗位。一辆白色的高级轿车停在了大厅门口。小李看见后排坐着两名男士，前排副驾驶座上坐着一名外国女宾。小李便上前，以标准的职业动作，先为后排客人打开了车门，做好了护顶，关好后门以后，小李迅速走向前门，准备以同样的礼仪迎接这名女宾下车。谁知，这名女宾下车时却满脸的不悦，小李不禁疑惑起来，自己确实是按照宾馆的服务礼仪标准操作的，通常后排座为上座，一般身份较为尊贵者是坐在后排的，优先为重要客人提供服务是宾馆的服务程序，小李不明白自己错在了哪里。

实际上，在公共场合，还有一个原则是女士优先。所以说小李应该先迎接女宾下车。

服务礼仪规范较多，在实际操作过程中，服务人员只有更全面地对服务礼仪相关知识进行了解，才能够为客户提供更好更优质的服务。

一、服务的内涵

"服务"是一个高频词，被应用于社会生活及工作中的各个方面。在生活中，我们会遇到各式各样的服务。例如，交通服务指航空公司、铁路运输部门、汽车运输公司等利用各种运载工具，将人们从一个地方运送到另一地，餐饮服务指各类酒店、餐馆提供各种饮食供人们挑选，产品安装维修服务指汽车修理、空调安装、房屋维修等。

（一）服务的定义

从广义上看，大量的与人打交道的工作都可称为服务。处于服务业前线的工作人员给消费者提供的是服务，如销售人员为顾客提供商品；企业内部的工作人员之间提供的也是服务，如财务人员给经理提供财务报表等。如果再将工作细分，各种工作人员所从事的劳动都是为流程的下一个环节提供服务，他们要么是纯粹的服务，要么在服务过程中使用物品或伴随着商品的交换。

相关组织由于涉及服务领域，也给出了自己的定义，如 ISO 9001 国际质量认证体系对服务下的定义：为满足消费者的需要，在同消费者接触中供方的活动或供方所有的活动的结果，通常是无形的。AMA（美国市场营销协会）认为服务是用于出售或者是同产品连在一起进行出售的活动、利益或满足感。此外，许多学者也给服务下了定义。

综上所述，服务可定义为：服务是个人或组织为消费者直接或凭借某种工具、设备、设施和媒体等所做的工作或进行的一种经济活动，是向消费者个人或企业提供的，旨在满足对方某种特定需求的一种活动和好处，其生产可能与物质产品有关，也可能无关，是对其他经济单位的个人、商品或服务增加价值，并主要以活动形式表现的使用价值或效用。

（二）服务行业类型

根据世界贸易组织统计和信息系统局（SISD）的国际服务贸易分类表，国际服务贸易分为 11 大类 142 个服务项目，这个分类表基本上包括了服务业的主要范围。

（1）商业服务。指在商业活动中涉及的服务交换活动，包括专业服务、计算机及其有关服务、研究与开发服务、房地产服务、无经纪人介入的租赁服务及其他的商业服务，如广告服务等。

（2）通信服务。包括邮政服务、快件服务、电信服务、视听服务。

（3）建筑及有关工程服务。包括建筑物的一般建筑工作、安装与装配工作、建筑物的完善与装饰工作等。

（4）销售服务。包括代理机构的服务、批发贸易服务、零售服务、特约代理服务及其他销售服务。

（5）教育服务。包括初等教育服务、中等教育服务、高等教育服务、成人教育服务及其他教育服务。

（6）环境服务。包括污水处理服务、废物处理服务、卫生及其相关服务、其他的环境服务。

（7）金融服务。包括保险及与保险有关的服务、银行及其他金融服务

（保险除外）。

（8）健康与社会服务。包括医院服务、其他人类健康服务、社会服务、其他健康与社会服务。

（9）与旅游有关的服务。包括宾馆与饭店、旅行社及旅游经纪人服务社、导游服务等。

（10）娱乐、文化与体育服务。包括娱乐服务，新闻机构服务，图书馆、档案馆、博物馆及其他文化服务，体育及其他娱乐服务。

（11）运输服务。包括海运服务、内河航运服务、空运服务、空间运输、铁路运输服务、公路运输服务、管道运输服务及所有运输方式的辅助性服务。

二、服务礼仪的内涵

既然服务行业的种类有这么多，我们在服务的同时，除了要具备正确的服务理念、服务意识和专业的服务标准以外，还需要注重服务礼仪在服务过程中的合理运用。

礼在中国古代是社会的典章制度和道德规范。作为典章制度，它是社会政治制度的体现，是维护上层建筑以法"礼"及与之相适应的人与人交往中的礼节仪式。礼的中心是社会关系，所有的社会结构都是从礼这里出发衍生出来的。仪指的是一种行为方式。

（一）服务礼仪的概念

服务礼仪是各服务行业人员在工作岗位上，通过言谈、举止、行为等，对客户表示尊重和友好的行为规范和惯例。服务礼仪是服务人员必备的素质和基本条件。出于对客人的尊重与友好，在服务中要注重仪表、仪容、仪态和语言、操作的规范；热情服务则要求服务员发自内心地、热忱地向客人提供主动、周到的服务，从而表现出服务人员良好的风度与素养。

服务礼仪是体现服务的具体过程和手段，使无形的服务有形化、规范化、系统化。有形、规范、系统的服务礼仪，不仅可以树立服务人员和企业良好的形象，更可以塑造受客户欢迎的服务规范和服务技巧，让服务人员在和客户交往中赢得理解、好感和信任。

（二）服务礼仪的主要内容

服务人员必须明确和掌握的服务行为规范有仪容规范、仪态规范、服饰规范、语言规范和岗位规范等。具体地说，员工的服务行为包括在服务过程中遵守的服务道德、服务语言、服务态度、服务仪表、服务技能、服务质量、服务效率、服务纪律，以及在为客户提供服务过程中必须具备的站、行、坐等基本素质。

服务人员的一般礼仪要求：热心本职工作是服务人员最基本的素质要求。包括正确认识和理解本行业工作的意义，提高和增强专业水平，在工作中保持饱满的精神。以热情耐心的态度接待服务对象，尤其当服务对象比较挑剔或在服务过程中遇到麻烦的时候，一定要注意保持冷静、有耐心，不厌其烦，把工作做完。体态标准、仪表整洁，无论是行走、站立还是坐着，服务人员都应按照体态的标准严格要求自己。

三、服务礼仪的重要性及作用

在市场经济条件下，商品的竞争就是服务的竞争。随着科技的发展、信息的发达，企业的技术、产品、营销策略等很容易被竞争对手模仿，而代表公司形象和服务意识、由每名服务人员所表现出来的思想、意识和行为是不可模仿的。怎样把客户服务放在首位，最大限度地为客户提供规范化、人性化的服务，以满足客户需求，是现代企业面临的最大挑战。所以，现代企业只有在服务上下功夫，才能在同行业中获得持续的、较强的竞争力。对于服务人员来说，如何做好服务工作，不仅需要职业技能，更需要懂得服务礼仪规范——热情周到的态度、敏锐的观察能力、良好的口语表达能力以及灵活、规范的事件处理能力。

有一个穿梭于各个城市做生意的"空中飞人"，经常入住酒店。他有个习惯，就是睡觉的时候喜欢"高枕无忧"，因为酒店的枕头都不高，总是要用另一张床上的枕头垫在自己的枕头下面才能睡得着。有一次这个人入住一家酒店，第一天晚上的"高枕无忧"像往常一样自己动手。而第二天晚上回到酒店的时候，却发现了一个小小的变化：枕头变了，下层是一个普通枕头，上层是一个散发淡淡药香的保健枕头，而且比普通枕头要高。从此以后，他只要到了这个城市，就会入住那家酒店，而且还介绍朋友入住。

可见，在服务工作中，洞悉并满足客户的需求，带给客户的又何止是这一次的满意和惊喜。

另一方面，一个"不经意"的服务不周，带来的不一定就是那一点遗憾。

一位企业家去某地咨询投资事宜，等他赶到该地某服务大厅的时候，还有半个多小时就要下班了。而服务大厅里，五个窗口就剩下一个窗口有人，一个年轻的女工作人员正眉飞色舞地煲着电话粥。

他来到这个窗口前面，对那名女工作人员连说了三次"您好"，女工作人员都没什么反应。差不多十分钟过去了，这名女工作人员终于在一句"讨厌"声中挂了电话，看见自己的窗口前面站了人，头也不抬地说："明天再来！""可明天是周六……""那周一再来，还用我教你。"她终于抬起了头，给了个白眼。"我大老远来一趟不容易，而且现在还不到下班时间……""那我容易吗？我还要接孩子、做饭……懒得跟你说。"

"啪"地一声，最后一个窗口也被关上了。

用这位企业家的话说："连窗口部门的工作人员都这样，那在该地的投资收益保障实在让人担心。"

客户服务工作是企业面向社会的窗口，它直接和客户交流，每名客户服务人员的礼仪表现、个人形象，便是企业在社会公众中的形象。一名客户服务人员的言谈举止，与企业的生存与发展有着必然联系。客户服务工作中礼仪占有很重要的位置，它对于提高服务质量、增强企业竞争力有很重要的作用。

所以，作为服务人员来说，学习和运用服务礼仪，已不仅仅是自身形象的需要，更是提高所在单位的经济效益、提升竞争力的必备利器。

四、服务礼仪的原则

（一）尊重原则

礼仪以尊重为第一原则，通过提供热情、周到的服务来体现。尊重他人的人格，是礼仪的情感基础。人与人是平等的，尊重客户、关心客户，不但不是自我卑下，反而是一种高尚的礼仪。特别是对待出言不逊的客户，同样应给予尊重、友善对待。对客户友善、尊敬，是处理与客户关系的重要原则。

（二）适度原则

服务人员为客户提供服务时，既要热情友好、尊重他人、殷勤接待，又要自尊自爱、端庄稳重、落落大方，体现平等公正、不卑不亢；既要彬彬有礼，又不能低三下四；既要热情大方，又不能轻浮、阿谀奉承。"适度"即掌握感情适度、举止适度、谈吐适度。

（三）自律原则

严格按照礼仪标准规范自己的言行。在工作中，行动上不出格，仪态上不失态，言语上不失礼。

五、服务礼仪的特点

（一）规范性

服务礼仪泛指服务人员在工作岗位上所应严格遵守的行为规范。服务人员掌握标准、正确的服务礼仪是一种基本的职业要求。服务礼仪的基本内容有仪容规范、仪态规范、服饰规范、语言规范和岗位规范等，有行业的特殊性，因此在服务礼仪中一定要按照相关规范来作为服务的行为准则。

1. 语言规范

语言规范方面要做到有礼貌的语言和优雅的谈吐。礼貌的语言在内容、形式、行为上表现为：礼貌的语言内容要真实友善，详尽通俗易懂，不粗俗，不低级趣味。礼貌的语言形式要语言规范，使用服务用语，语音语调亲切柔和，语气温和委婉。礼貌的语言行为体现在认真倾听，谈吐谦和得体，不强词夺理，不蛮横无理。中国有句俗话叫"一言兴邦，一言误国"，充分说明了语言表达的重要性。一句服务用语，既可以令客户欢喜，又可以使客户大怒。所以，服务人员语言表达是否艺术会直接影响客户的情绪。语言艺术具有优质高效的功能。服务人员可通过看、听、想、说四个方面提高语言艺术。即看客户的情况，听客户的语意，想客户之所想，说出客户的需要。细心揣摸，将心比心，满足客户的要求，这样才能争取客源，赢得市场。在实际场合中要自然、灵活地运用礼貌用语。例如，征询、商量的语气："您看这样解决行吗？""您还有什么要求？"以此得到客户的理解，求得共识。"请把您的电话号码告诉我好吗？"将命令变为征询、请求，让客户感到亲切、不生硬。委婉的语气："您先等一下好吗？我们会尽快解决。""一旦可以办理，马上通知您好吗？"委婉的话语让人容易接受。道歉语："对不起，是我们的失误，谢谢您的提醒。""对不起，麻烦您了!"真诚的道歉可以缓和紧张气氛，换得客户的谅解。切忌对客户说"不""不清楚""不知道"，切忌对客户的感谢或道别置之不理。

总之，优雅的谈吐应该是真挚、热情、平易、礼貌的，而言语粗俗，甚至以训斥的口气"教育"客户，则暴露了一个人缺乏修养，也伤害了客户的自尊心，更会对提供服务的企业产生不好的影响。

2. 仪容、仪态规范

优美的体态语言包括表情语言、手势语言、体姿语言。服务人员通过眉毛、眼神、嘴唇、脸色变化构成丰富的面部表情语言。俗语道"喜在眉梢"。服务人员要通过喜眉、扬眉给客户以欢快和欣慰之感。手势语言是运用手的动作变化表达一种无声的语言。"心有所思，手有所指"意思是，如果说眼睛是人心灵的窗户，手就是人心灵的触角，也可以说手是人的第二双眼睛。美的肢体语言是通过身体姿态表达情意的，是对有声语言的强化和补充，直接反映内心情感的变化。服务人员站姿要庄重平稳，坐姿要端庄平直，步姿要轻盈适速，点头要自然适度，起立要快慢适宜，欠身要尊敬得体。

（二）操作性

服务礼仪的规范都具有可操作性。每个行业的相关服务岗位在社会经济的发展过程中都形成了各自具体完整的、规范性的可操作标准。例如，常规的服务人际距离的礼仪要求如下。

1. 直接服务距离

服务人员为对方直接提供服务时，根据具体情况确定与服务对象的距离，一般以 0.5～1.5 米为宜。

2. 展示距离

服务人员为服务对象做操作示范时，服务距离以 1～3 米为宜。

3. 引导距离

服务人员为服务对象引导带路时，一般行进在服务对象左前方 1.5 米左右最为合适。

4. 待命距离

服务人员在服务对象未要求提供服务时，应与对方自觉保持 3 米以上的距离，但要在服务对象的视线之内。

类似以上的礼仪规范是有标准的，是可以通过一定时间的培训达成的。

（三）多样性

由于服务行业类型众多，服务岗位的不同，涉及的相关服务规范都具有本行业的特征，因此服务礼仪也具有多样性。就交通运输行业来讲，就分为了航空运输行业、铁路运输行业、公路运输行业及水路运输行业等。每个行业还涉及了众多不同的工作岗位。如铁路运输行业又分为高铁运输服务人员、地铁运输服务人员等。高铁运输服务人员又可以分为车站服务人员、安检服务人员、站台服务人员以及乘务员。因此，服务岗位的种类繁多决定了服务行业的多样性。

延伸阅读

[1] 袁涤非. 现代礼仪[M]. 北京:高等教育出版社,2014.

[2] 姬仲鸣,周侃. 孔子:下卷[M]. 北京:中央民族大学出版社,1998.

[3] 翟文明,夏志强,春之霖,等. 社交礼仪知识全知道[M]. 北京:中国华侨出版社,2015.

视频链接

金正昆讲座服务礼仪。https://v. qq. com/x/page/s0127pyopf5. html。

第 二 章

服务形象礼仪

几千年的人类文明历史证明，优雅的仪表和悦人的仪态一直是人们所孜孜追求的。随着现代社会人际交往的日益频繁，人们对个人的形象礼仪也越为关注。从表面看，个人形象礼仪仅仅涉及个人穿衣打扮、举手投足等无关宗旨的小节小事，但小节之处显精华、举止言谈见文化。尤其是对于服务人员来说，良好的个人形象是服务的第一印象。个人形象礼仪是个人仪表、仪容、言谈、举止、待人接物等方面的个体规定，是个人文化素养、道德品质、教养良知等精神内涵的外在表现。其核心是尊重为本，与人为善，表里如一，内外一致。本章在叙述仪表和仪表美的基础之上，介绍仪容礼仪、仪表礼仪、仪态礼仪等，最后论述职业人员要做到外在美和内在美的统一，需提高自己的形象礼仪。

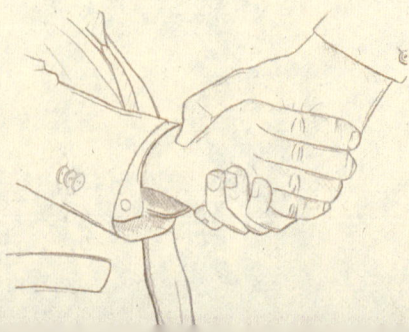

第一节 服务仪容礼仪

案例导入

一次某公司招聘文秘人员，由于待遇优厚，应聘者有很多。中文系毕业的小张同学前往面试，她的背景材料可能是最棒的：大学四年，在各类刊物上发表了3万字的作品，内容有小说、诗歌、散文、评论、政论等，还为六家公司策划过周年庆典，英语口语表达也极为流利，书法也堪称佳作。小张五官端正，身材高挑、匀称。面试时，招聘者拿着她的材料等她进来。小张穿着迷你裙，露出藕段似的大腿，上身是露脐装，涂着鲜红的唇膏，轻盈地走到一位考官面前，不请自坐，随后跷起了二郎腿，笑眯眯地等着问话，孰料，三位招聘者互相交换了一下眼色，主考官说："张小姐，请回去等通知吧。"她喜形于色："好!"挎起小包飞跑出门。

问题：小张能等到录用通知吗？为什么？假如你是小张，你打算怎样准备这次面试？

一、发型发式

作为服务业从业人员，对头发的长度及发式会有约定俗成的要求，如女士的短发在肩部以上，若是长发，则要求盘发或束发；男士均留短发，且不能触及衬衫领口，并且不准留光头。但随着时代的发展和服务对象的增加及变化，个性化差异日趋明显，对服务业从业人员的发型发式要求也更为多元化。

（一）头发护理

1. 勤于打理

头发长期暴露在外面，容易沾染灰尘等杂物，加之头皮细胞老化形成头皮屑以及油脂的分泌，比起人体的其他部位，头发更容易影响个人整体形象。因此，护理头发的首要任务是保持头发的干净整洁。最好每3天洗一次头，个人也应根据特殊情况加以缩短，如部分男士油脂分泌过于旺盛，若3天才洗头则会产生大量头皮屑。短发的修剪时间在一月以内，长发若出现分叉需立刻修剪。

2. 正确洗发

洗发前，需将头发梳理几遍，再用温水将头发打湿，水温需控制在37℃左右。水温过低或过高都会有损头发及头皮。之后，将洗发水在手心内加温水揉搓至泡沫状后涂于头发上，并轻轻搔抓头皮。不宜选用碱性过重的肥皂，容易造成头发干枯、脆弱，甚至脱落。

3. 适度护发

梳头不仅能保持发型，还能起到促进头部皮肤呼吸、加速血液循环的功效。注意梳头时用力均匀，每日梳头以20余次为宜。对于发质较为干燥的人士或做完烫染后，可在每次洗发后涂上护发素，能增加头发的柔韧性与光泽度。秋冬季节的头发较为干燥，更应有针对性地加强保湿等头部护理，并适当减少洗发次数。

（二）发型和脸型

1. 圆脸型的发型

常被称作娃娃脸，突出表现是脸颊较宽。需选择头部或顶部略蓬松或稍隆起的发型，并将两颊及双耳稍微留出。

2. 椭圆脸型的发型

由于这种脸型具有较好的视觉基础，因此发型的选择范围较广泛，无论长短发型都容易与这种脸型相协调，产生良好的视觉美感。

3. 长脸型的发型

此种脸型的额前发际线较高，额、腮成一直线或宽度差不多。应选择顶部略低并适度遮住额头的发型。头发长度选择余地较大，可以齐耳，也可以留长发。

4. 方脸型的发型

常被称作国字脸，突出表现是脸颊较宽，两腮突出。选择的发型以自然的大波浪为宜，将两颊的头发做蓬松处理可有效遮住脸的宽度，并淡化脸部方正刚直的印象。

5. 三角脸型的发型

此种脸型上尖下宽，宜将头顶部分的头发做蓬松处理，两侧的头发则需紧贴脸部，使线条柔和，能冲淡三角形的感觉。此种脸型的人不适合留短发或盘发。

男性的发型选择相对较为简单，一般要求男性保持发型的干净、整洁。若能适度注意与脸型搭配，则更会给自身形象增添光彩。

（三）发型和体型

对于身材高挑的人，发型的选择性较大，如直发、烫发等皆可。但需注意不宜将发髻盘得过高，避免使人显得过于修长。

对于身材矮小者，以通过视觉差拉长自己的身高，发型应以精致为主，如选择短发或盘发。不宜弄得过于蓬松或留发过长。

对于身体矮胖者，剪成运动型发式，会增添俏丽、健康的美感。若烫成大波浪式或将头发弄得过于蓬松，会显得更胖。

对于喜欢烫发染发的女士来说，切勿仅因一时喜好，将头发漂染、挑染成炫目的颜色。天生的肤色和眼睛的颜色与头发的天然颜色基本是和谐搭配的，不宜贸然改变头发的颜色，它往往是最适合自己的颜色。

二、面部妆容

化妆作为修饰仪容的一部分，是指采用化妆品按照一定的专业技法对自我进行修饰的过程。服务从业者的妆容以淡妆为主。装扮得体的妆容既是对自我的尊重，也是对服务对象的尊重。得体的自然妆容能不露痕迹地提升个人职业形象，增加个人魅力。化妆的目的也不是要把自己装扮得花枝招展、光彩夺目，而是要塑造健康自然、鲜明和谐、富有个性的容貌。

（一）面部清洁及护理

1. 面部清洁

面部清洁即常说的洗脸。无论男女，每天至少要在早晚各洗一次，并在用餐后、出汗后即刻洗脸，时刻保证面部无油污、汗渍等不洁之物。

洗脸水的温度不宜过高，可以早晨用冷水、晚上用热水清洗。洗脸时，应从下往上、从内向外。长期坚持此种手法，能有效防止面部肌肉下垂。

不同的肤质对清洁用品的选择也不相同。中性及干性皮肤宜选择泡沫型洁面乳，并根据面部清洁度来确定是否选用清洁用品，如晚上使用洁面乳，早晨不用。而油性肤质要选择除污力较强的香皂或洗面奶。

对于每日淡妆出镜的女士来说，卸妆是每日夜间必不可少的护肤程序。首先将浸满卸妆水的化妆棉分别敷在眼皮、嘴唇20秒，随后轻微擦拭。再用浸满卸妆液的化妆棉涂拭眉毛。随后开始面部清洁的步骤。

面部清洁

而男性的皮肤多为油性或偏油性，更应勤洗脸，以除去灰尘和体内排出的皮脂等附着物，保持面部清洁干爽。

2. 面部护理

（1）爽肤水的使用。爽肤水作为面部护理的第一步，能起到清洁毛孔、调理角质层、平衡皮肤酸碱度、补充水分的作用。干性肌肤适合弱碱性的柔肤水；过敏性肌肤应选择具有舒缓功能的纯植物提取的修复水；油性肌肤适合具有收缩毛孔功效的收敛水，以达到控油的效果。使用爽肤水时，可将其倒在手心，然后用手轻拍至脸上，再用手指在脸部轻轻擦拭几下，以促使全部吸收。或将爽肤水倒在化妆棉上，让化妆棉完全浸透，再将棉片由下往上擦拭，并在额头、鼻头、下巴处轻按几下。

（2）精华液的使用。精华液富含微量元素、胶原蛋白等有效成分，其功效在于帮助巩固和促进肌肤对营养的吸收，为肌肤提供充分的营养。在使用完化妆水后，取足量的精华液于手心，在手部搓均匀、利用手心热度使其加热后，分别轻点于额头、两颊、鼻子、下巴，再用指腹的第二关节由内向外轻缓推拿，将精华液涂抹至整个脸庞。对于易出现斑点的两颊处，再由内向外多按摩几次。部分精华液除了基础功效外，还具有提拉紧致、抗皱、美白等功效，个人可根据自身情况有针对性地予以选择。

（3）眼霜的使用。眼霜是用来保护眼睛周围较薄的一层肌肤的，除淡化黑眼圈、眼袋的功效外，也具备改善皱纹、细纹的功效。从功能来说，眼霜可分为滋润型眼霜、紧致型眼霜、抗敏眼霜等。因眼部皮肤较细嫩，对眼霜的涂抹多使用无名指。用指腹取绿豆大小的眼霜相互揉搓使之加温，以弹钢琴的方式，均匀地拍打在眼周肌肤上。随后，从眼部下方向眼尾，沿眼眶由内向外轻轻按压。

（4）面霜、乳液的使用。面霜、乳液最主要的功效是保护表层、防止水分流失，面霜呈膏状，乳液呈黏稠的水状。在较为干燥的秋冬季节宜选用浓稠度较高的面霜，夏季以乳液为主。或根据温度情况，早晨护理选用乳液，夜间护理选用面霜。取硬币大小的乳液、面霜于掌心，利用掌心温度将其加热，随后点于双颊、额头、鼻梁上方、下颚四处，再用双手轻轻涂抹开来。对于皮肤极度干燥的情况，可先涂抹乳液、再涂面霜，起到双层修护的作用。

（5）隔离霜的使用。隔离会起到阻隔灰尘与紫外线的作用，而与肤质适度搭配还能起到均匀肤色、提亮肤色的作用。隔离霜一般为乳液状或粉状，颜色以肤色、紫色和绿色为主。皮肤表层较薄、易现红血丝的肌肤应选择绿色或黄色的隔离霜；而皮肤偏黄的人士应选择紫色的隔离霜，以产生粉嫩的效果。在紫外线较强的夏季，还应涂上高倍数防晒霜，以避免晒斑、皱纹甚至皮肤癌。

（6）面膜的使用。面膜是指将某种材质附着在脸部，以起到暂时隔绝外界空气、促进皮肤扩张及新陈代谢的作用。使用面膜前，应先卸妆洗脸，这样有利于面膜营养成分的吸收。面膜使用 15 分钟后，可用手轻轻触碰，若不觉粘手，则可将面膜从边缘开始自下而上缓慢揭去，切勿长时间使用面膜，反而会导致营养成分的流失。去除面膜后，应用干净的温水将脸部残留物洗掉，再涂上面霜。面膜不宜使用过频，每周两到三次即可。

（二）面部妆容

生活中的美容化妆，以修整统一、和谐自然为准则。恰到好处的妆容，给人以文明、雅致的印象；浓妆艳抹、过分的修饰，会给人轻浮、卖弄的感觉。在正式场合，女士应当适度化妆，不化妆被视为失礼，男士也要进行适当的面容修饰，但男士施妆应不露妆痕。

化妆品是美容化妆的物质条件。目前，市场上化妆品琳琅满目、种类繁多，必须正确选择和使用。化妆品根据功用不同，可以分为三大类：清洁类化妆品，用于清洁皮肤；护肤类化妆品，用于保养皮肤；修饰类化妆品，用于修饰化妆。使用化妆品要注意：一是根据自己的肤色选择；二是根据自己皮肤性质选择；三是注意化妆品的质量；四是不要频繁更换化妆品。

化妆的浓淡要视时间、场合而定。在白天日光下，在工作时间、工作场合，适合化淡妆。浓重的妆色与周围工作气氛不相宜，让人感觉你不是在认真工作，甚至认为你不稳重。晚上参加舞会、宴会等社交活动，穿着艳丽华贵的服装，在灯光的照耀下，妆色可浓些，可使用发亮的化妆品。外出旅游或运动时，不要化浓妆，可使用一些保护皮肤的化妆品，在秀丽的自然风光中，应表现出一个人的自然美。

口红

（1）唇膏。曾有人戏称，我可以素颜出门，但是我的口袋里面必须要有一支适合的唇彩，让我毫不犹豫地在任何场合都能涂在唇上。唇膏的选择性很多，如口红、唇彩、唇线笔、带色润唇膏等，而在补妆环节中，唇膏是使用最为频繁的一类彩妆用品。在皮肤干燥、缺失活力的冬天，用偏橙色的口红能立刻提升活力。

（2）遮瑕膏。大部分人都需要遮瑕产品来美化面部，遮住明显的瑕疵，如黑眼圈、红血丝或很小的痣。找到适合自己肤色的遮瑕品，而遮瑕的重点在于不露痕迹，否则适得其反，反而会突出个人的瑕疵。注意在自然光线下仔细观察自己的脸，以保证遮瑕到位。

（3）底妆。使用过遮瑕膏之后，轻轻扫上底妆让肤色显得更加均匀。底妆产品可以是轻薄的粉底液或是润色乳液，应尽量选择自然肤色，对于本身肤质较好的人士，也建议涂上薄薄的一层。现在的底妆产品强调健康、让皮肤自由呼吸，已不同于以往那种厚厚的"面具"。同时，不要忘记你的发根和颈部，这会让你的妆容更具有整体协调性、更为自然。

（4）腮红。腮红的使用能即刻使双颊红润，提亮个人气色。而腮红的使用切忌过度，不宜出现任何的线条或纹路，在脸上轻扫腮红，让它融入自然的妆容中。腮红的选择可以是粉状、乳液状、啫喱状或膏状。在一时没找到腮红又需要补妆的情况下，可以将口红在手上晕染开，再轻轻涂至脸颊处。

（5）眉笔。多数人会有眉毛方面的困扰，如眉毛稀薄、眉色不均或长短不一等，这些问题完全可以通过修眉和画眉予以解决。首先需用剃眉刀修出适合自己的眉形，标准的眉形是在眉毛的2/3处有转折。若觉得修眉有一定难度，可交给专业人士，自己负责定期剔除长出来的多余眉毛即可。在有一定的眉形后，每日用眉笔或眉粉将眉毛空隙轻轻填满即可，使眉毛看上去饱满又自然。切勿一笔从头画到尾。

（6）睫毛膏。传统的睫毛膏使用前会要求用睫毛夹将睫毛弄卷翘，而现在的自然妆容对此要求越来越少。你只需将睫毛膏涂在睫毛上就好。涂的次数和量越少，眼妆会更自然。睫毛膏能使双眼增色不少，使眼睛更为炯炯有神。

为了避免妆容残缺，在出汗、用餐之后，要及时查看自己的妆容。若发现妆容残缺，需及时补妆，并选择无人的角落进行，切勿旁若无人地当众补妆。由于补妆只是进行局部修补，故应以补为主，只需在残缺的地方予以修饰，不必拭去旧妆重新化妆，也要注意与原有妆容保持协调，避免用色过深、过分凸显。

卸妆的目的是净化并护理皮肤，如果带妆过夜，皮肤会受到伤害。卸妆的一般步骤如下：用棉棒浸蘸卸妆水，擦去眉眼周围及睫毛处的化妆品；用棉纸或纸巾擦去口红，再抹适量的橄榄油或其他植物油；用油质雪花膏涂抹额、颊、鼻和下巴部；用软纸擦净面额，再用香皂或洗面奶洗脸，洗脸时不要用毛巾用力擦脸，而要把香皂先打在手上，轻轻搓擦面部，再用温水冲洗。

三、手部、颈部、脚部

在我们保持光洁的面容、得体的发型之外，也需要注意手部、颈部的清洁与修饰，这也是仪容仪态中容易被忽略的细节。细节决定成败，若能将此部分处理得当，定能使自己的职场形象锦上添花。

（一）手部

社交活动中，人与人之间需要握手，双手是人际交往中肢体语言最为频繁的部位。即使不握手，工作中也常需要使用双手进行指引、取拿物品等，手掌和手臂经常会暴露在外。故一双清洁没有污垢的双手，是交往的最低要求。

指甲缝中更不能留有任何异物，无论男女都需经常修剪指甲。指甲长度不宜超过指尖，不宜用牙齿啃指甲，不得在公众场合修剪指甲。伴随人体的新陈代谢和经常接触外界，手部易产生死皮，当出现此种现象时，应及时修剪，不宜用手或牙齿撕扯。

对于追求时尚的女士，可能喜欢给指甲涂上色彩与纹路，切记不应选择过分招摇的颜色或款式，如全部黑色或十指十色等，以低调的裸粉色、透明色为宜。

由于个人生理条件不同，有的人手臂上汗毛过密、过长，此种情况最好采取合适的方法脱毛。在公众场合，不要穿暴露腋窝的服饰。若有特殊要求露出腋窝时，需先剔除腋毛。

（二）颈部

在日常护理中，往往注重面部护理，却让颈部的皱纹泄露了个人的年龄。加之颈部油脂分泌的减少，皮肤走向衰老，最先显露衰老迹象的部位实则是曝光率极高的颈部。

颈部皱纹的产生与我们日常工作生活中的某些不良习惯密切相关，如长期低头伏案工作、用脖子夹着电话煲电话粥、寒冷天气不重视颈部御寒等。

在日常面部护理时，在重视面部清洁的同时，也要注重颈部的清洁与保养，要经常对颈部进行按摩，促使颈部加速血液循环、新陈代谢。还可每日做美颈操，如像钟摆般摆动颈部，可放松肌肉并改善颈部肤质松弛的状况。

（三）脚部

脚部虽然不是常年裸露在外的部位，但也一样要注意适时适度地保养与修饰。首先，要注意保持脚部清洁，做到勤于洗脚、勤换袜子、勤换鞋子，以免使脚产生异味，甚至患脚病等。在人际交往中，有时在室内若需要换拖鞋进入，干净整洁而无气味的双脚才不会令人生厌，也不会令彼此尴尬。

其次，要经常修剪指甲。要像经常检查、修剪手指甲一样，经常检查并修剪脚

中国礼仪通
礼服
仪务

指甲。此外，女士在夏天穿凉鞋时，一般场合若不穿袜子，可以美化脚指甲，但要注意涂抹的颜色应自然协调。

四、皮肤护理

肌肤的护理和保养是实现仪容美的首要前提，面部肌肤更是重中之重。了解个人的肤质，掌握适合自己的护肤养生之道，有助于保持皮肤的青春活力。正常健康的皮肤具有光泽度，且柔软、细腻、富有弹性；而当人体处于亚健康状态时，皮肤则会失去光泽与弹性，出现皱纹或色斑。

随着季节和年龄的变化，皮肤的性质也会有所改变。一般夏季皮肤普遍偏油，干性皮肤也会显得光泽滋润；冬季皮肤偏干，皮脂分泌量相应减少。随着年龄的增长，皮肤的油脂分泌会逐渐减少，年轻时为油性或中性皮肤，中年以后会逐渐转向中性或干性皮肤。

（一）皮肤分类

1. 干性皮肤

干性皮肤红白细嫩，油脂分泌较少，对外界刺激极为敏感，常出现红血丝。在极度干燥的情况下，皮肤会出现俗称的"起皮"现象。针对此种皮肤，补水是第一要务。可以在每天洗脸的时候，在水中加入少许蜂蜜，润湿整个面部，用手拍干。

2. 中性皮肤

中性皮肤较为滋润细嫩，对外界的刺激不太敏感。此类皮肤的护理较容易，可在晚上用水洗脸后，再用热水捂脸片刻，再轻轻拭干即可。

3. 油性皮肤

油性皮肤毛孔粗大，常油光满面，易生痤疮等皮脂性皮肤病。但适应能力强，不易显皱。此类皮肤需加强皮肤的清洁，如在温水中加入少许白醋，以便有效去除皮肤上过多的皮脂、皮屑和尘埃，恢复皮肤的光泽度。

但皮肤的分类也很难一概而论，因不同季节、不同场景都会产生变化。如很多男士虽为干性皮肤，但他的额头、鼻梁处（常被称作"T"字区域）偏油性，分泌物较多，易生粉刺、黑头等。而大部分人在秋冬季节会觉得皮肤更为干燥，需加强养护。空乘服务人员的皮肤护理会比其他行业要求更高，不仅是因为该行业对从业人员的面容礼仪要求更高，还因为人在高空飞行的环境中，水分流失更快。

（二）皮肤护理

1. 养成良好的生活习惯

合理的饮食结构是美容保健的根本。人体所需的各类养分都需从食物中提取出来。只有养分充足，皮肤才会有光泽、有弹性。在日常的饮食中，需三餐按时、进食有度，保证食物的多样性，多吃富含维生素的食物，少吃刺激性的食物。如进食胡萝卜等，其富含维生素 A，能起到润滑皮肤、防止皮肤粗糙的作用；而绿色蔬菜、苹果等因富含大量的维生素 C，有助于消除斑点、清洁皮肤。

皮肤的弹性和光泽主要取决于其含水量。若皮肤含水量过低，易干燥，甚至产生皱纹。故每日摄取足够的水分，对皮肤护理甚为重要，切不可用饮料取代。每日起床后，饮一杯温开水，能有效排除体内毒素、快速唤醒肌肤活力。

保证良好的起居习惯并配合适量的运动对于美容保健也必不可少。只有在睡眠状态下，人体的器官才能自动休整，细胞更新加速，从而使皮肤获得更多的养分，容光焕发。而经常熬夜易导致皮肤暗淡无光，久而久之会使身体机能紊乱。

良好的心态是"润肤剂"。美国一位科学家说："笑是一种化学刺激反应，它能激发人体的各个器官，尤其是激发头脑和内分泌系统活动。"精神愉快是最好的美容保健方法。我们应尽量避免过度的忧伤、焦虑等负面情绪，并学会通过听音乐、看小说等办法自我排解、释放压力。

除此之外，还可以采用以下方法进行皮肤护理。① 定时蒸面。方法是将开水倒入脸盆中，如加入薄荷、菊花等植物效果会更好。用开水的蒸汽蒸面，这样可以使毛孔张开，体温升高，加速血液循环，使皮肤吸收水分，增加光泽。② 面部按摩。按摩可以起到使皮肤运动的作用，促进血液循环，改善皮肤状况，以减缓皮肤的老化过程。按摩的方法有很多，可以用两手掌相互摩擦发热，然后顺着脸部肌肉的生长方向，逆着皱纹，由下向上、由内向外进行按摩，手的力度要适中。也可以用经络美容法，按摩有关的经络和穴位，使皮肤健康柔润。③ 使用各种面膜敷面，进行皮肤的保养与护理。

2. 清洁与护理

（1）适度清洁。洗澡次数以每周两次为宜，而在干燥的秋冬季节可适度减少。洗澡次数过多，容易将自动脱落的角质层和汗液混合的皮垢洗掉，缺少了这些物质对皮肤的保护，细胞内的水分更容易蒸发，令皮肤更为干燥。清洁皮肤可选择质地较为温和并具有滋润功效的沐浴液，尽量不要使用碱性肥皂。

（2）身体乳的使用。在沐浴完、擦拭完身上水分后，应即刻擦拭身体乳、精油或者橄榄油，均可起到锁住水分、滋养皮肤的功效。

对于身体容易产生异味的人士，应增加身体清洁的次数，并有针对性地借助药物予以治疗，或者有选择性地喷洒香水以遮住异味。

3. 护齿

牙齿是口腔的门面，牙齿的清洁是仪容美的重要部分，而不洁的牙齿是交际中的障碍。试想，当你露出发黑或发黄的牙齿谈笑风生时，是多么不雅观；如果牙缝上留有牙垢，就会让人退避。要保持牙齿的清洁卫生，须坚持每天刷牙漱口。正确的刷牙方法是将牙刷毛尖端放在牙龈和牙冠的交界处，稍微加压按摩牙龈时顺着牙缝上下颤动地竖着刷。如果长期吸烟和喝浓茶，天长日久，牙齿表面会出现一层"茶锈""烟渍"，牙齿变得又黑又黄，应加强对牙齿的清洁。为防止口腔有异味，平常最好不吃生葱、生蒜一类带刺激性气味的食物。每日早晨，空腹饮一杯淡盐水，平时多以淡盐水漱口，能有效地控制口腔异味。

第二节　服务仪表礼仪

💬 案例导入

国内一家效益很好的大型企业的总经理叶明，经过多方努力和上级有关部门的牵线搭桥，终于使德国一家著名的家电企业董事长同意与自己的企业合作。谈判时，为了给对方留下精明强干、时尚新潮的好印象，叶明上身穿一件T恤，下身穿一条牛仔裤，脚穿一双运动鞋。当他精神抖擞、兴高采烈地带着秘书出现在对方面前时，对方瞪着不解的眼睛上下打量了他一会儿，非常不满意。这次合作没有成功。

一、服务表情礼仪

法国名作家罗曼罗兰说过："面部表情是多少世纪培养成功的语言，是比嘴里讲的要复杂千百倍的语言。"任何社交活动都离不开各种各样的表情。美国心理学家登布说："假如顾客的眼睛朝下看，脸转向一边，表示你被拒绝了；假如他的嘴唇放松，笑容自然，下颌向前，则可能会考虑你的提议；假如他对你的眼睛注视几秒钟，嘴角以至鼻翼部位都显出微笑，笑得很轻松，而且很热情，这项买卖就做成了。"可见，面部表情在传情达意方面有着非常重要的作用。表情是人体语言中最为丰富的部分，是内心情绪的反映。人们通过喜、怒、哀、乐等表情来表达内心的感情。在人际沟通方面，表情起着重要的作用。表情的寓意极为丰富，也最具表现力，每一处细微的变化都能传递一种信息。而在人的千变万化的表情中，眼神和微笑又最具礼仪功能和表现力。

（一）眼神

目光是面部表情的核心。在人际交往时，目光是一种真实的、含蓄的语言。"眼睛是心灵之窗"，从一个人的目光中，可以看到他的整个内心世界。一个良好的交际形象，目光应是坦然、亲切、友善、有神的。在与人交谈时，目光应当注视着对方，才能表现出诚恳与尊重。与人交往时，冷漠的、呆滞的、疲倦的、轻视的、左顾右盼的眼光都是不礼貌的。切不可盯人太久或反复上下打量，更不可以对人挤眉弄眼或用白眼、斜眼看人。

1. 注视的部位

（1）公务凝视。在洽谈业务、磋商、谈判等场合，眼睛应看着对方双眼或双眼与额头之间的区域。这样凝视显得严肃、认真，别人也会感到你有诚意。

（2）社交凝视。在茶话会、友谊聚会等场合，眼光应看着对方双眼到唇心这个三角区域。这样凝视会使对方感到礼貌、舒适。

（3）亲密凝视。在亲人、恋人和家庭成员之间，眼光应注视对方双眼到胸之间的区域。这样凝视表示亲近、友善。但对陌生人来说，这种凝视有些过分。

2. 注视的方向

（1）正视（平视）。表示理性、平等、自信、坦率。适用于普通场合身份、地位平等的人之间的交往。

（2）俯视。即抬眼向下注视他人。一般表示对晚辈的爱护、宽容，也可对他人表示轻慢、歧视。

（3）仰视。即抬眼向上注视他人。表示尊敬期待，适用于面对尊长之时。

需要注意的是，当对方缄默不语时，不要继续盯着对方，以免加剧冷漠的氛围，令对方不安。当对方说错话或显得拘谨时，不要立即转移视线，会被误认为讽刺或嘲笑。

3. 注视的时间

在人际交往中，注视对方时间的长短相当重要。在交谈中，听的一方通常应多注视说的一方，目光与对方接触时间，一般占全部相处时间的三分之一。谈话时，若对方为关系一般的同性，应该不时与对方双目对视，以示尊重；如果双方关系密切，则可较长时间地注视对方，以拉近心理距离；如果对方是异性，双方对视时间不宜过长，长时间地注视不仅使对方不自在，也是不礼貌和失礼的表现。

与人交往，冷漠的、傲慢的、疲惫的、呆滞的、游移不定的、左盼右盼的目光均不应出现，同时也要注意不可滥用眼神，让人感到你很做作，很可能会破坏相互之间的交流和沟通。

（二）笑容

笑有微笑、大笑、冷笑、嘲笑等许多种，不同的笑表达了不同的感情。微笑是指不露牙齿，嘴角的两端略微提起的表情。发自内心的微笑是最美好的，人们的交往应是从微笑开始的。

微笑是对人的尊重、理解和友善。与人交往时面带微笑，可以使人感到亲切、热情和尊重，使自己富于魅力，同时也就容易得到别人的理解、尊重和友谊。微笑的力量是相当巨大的，有人把微笑比作全世界通用的"语言"，因为它容易被世界上所有的人类所接受。

在微笑中，眼睛有传神送情的特殊功能，笑眼传情才能使微笑生动、吸引人。只有用微笑配合个人的语言、举止，才能实现有效的沟通。

1. 微笑的"四要"

一要口眼鼻眉肌结合，做到真笑。发自内心的微笑，会自然调动人的五官，使眼睛略眯、眉毛上扬、鼻翼张开、脸肌收拢、嘴角上翘。

二要神情结合，显出气质。笑的时候要精神饱满、神采奕奕、亲切甜美。

三要声情并茂，相辅相成。只有声情并茂，你的热情、诚意才能为人理解，并起到锦上添花的作用。

四要与仪表举止的美和谐一致，从外表上产生完美统一的效果。

2. 微笑的"四不要"

一不要缺乏诚意、强装笑脸；

二不要露出笑容随即收起；

三不要仅为情绪左右而笑；

四不要把微笑只留给上级、朋友等少数人。

二、服务服装礼仪

现代社会，服装已不再是遮羞、御寒的工具，已经演变成了传递个人思想、体现个人品味的一种"非语言"工具。得体的着装能有效提升职业形象，提高沟通效率。

（一）原则

1. TPO 原则

此原则为西方人提出的服饰穿戴原则，分别对应英文的时间（time）、地点（place）、场合（occasion）三个单词的首字母，要求人们穿着与时间、地点和场合相协调。

一日分早、中、晚，而一年有四季。时间要素要求在着装时考虑这些因素，随"时"更衣。在工作时间段，应根据服务对象和工作场景，以体现专业、庄重为原则，不宜标新立异、打破常规。夏季应以清爽、简洁的着装为主，而褶皱过多、色彩过重的衣物不仅使本人燥热难耐，也会影响客户的感官，从而降低工作效率。冬季应以保暖、轻便为主，避免臃肿不堪，也不能要风度不要温度。如裙装，夏季应穿面料轻薄的，冬季应穿面料较厚的毛呢裙等。

地点原则要求所处位置、场所不同，着装也应相应予以区别，特定的环境应配以相协调的服饰。如在办公场所，需穿着职业正装；但在户外举办的联谊活动中，则需穿休闲装。

不同的场合需要不同颜色、不同款式的服饰，只有与特定场合、氛围相一致，才能更好地展现自我。如在正式场合，即使是夏天，女士也不宜穿着露脚趾的皮鞋。在公司年会或其他庆典活动中，服饰应不同于职业装的沉稳，可选择鲜明的颜色，并佩戴饰品。

2. 色彩搭配原则

色彩是服装留给人们记忆最深的印象之一，而且很大程度上影响着装的成败。不同色彩的服饰在不同场合会产生不同的效果。

以常见的色彩为例。大红象征活力、热情、奔放、喜庆，是重大庆典活动常用的色调；粉红则象征柔美、温情，是许多少女选择服装、饰品首选的颜色；黄色则寓意庄严、希望、高贵，故在封建王朝，黄色为皇室专用色系；蓝色寓意沉静、梦想、深邃；黑色象征神秘、悲伤或者刚毅、冷峻，用在极其庄严肃穆的场合；白色则象征纯洁、高雅或空虚、无望；灰色作为中间色，象征中立、文雅，是中年女士着装的首选颜色。

着装的色彩搭配可以采用统一一致的方法，即配色时采用同一色系，运用不同深浅创造出层次感，如深灰色的西装配上浅灰底花纹的领带；或者运用冷色与深色的对比，形成色彩反差，凸显个性；也可运用呼应法，在某些部位刻意采用同一色彩，遥相呼应，如男士在正式场合，将公文包、腰带、皮鞋统一颜色。

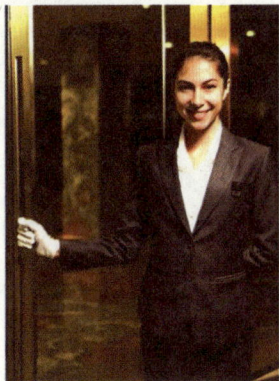

身着正装

着正装时，整体颜色以控制在三色以内为宜，这样有助于保持简练、专业的风格，而且以单色、深色为主，不宜用图案。最常见的颜色是蓝色、灰色、黑色、棕色。衬衣的最佳色彩为白色，皮鞋、袜子应配深色，以黑色为最佳。

个人肤质对着装的色彩也会有一定影响。皮肤白净的人对衣物的选择性不强，穿任何颜色都能产生良好的效果。而皮肤较黑的人尽量避免深色服装，尤其是深褐色、黑紫色。肤色苍白的人避免穿紫红色服装。

（二）着装搭配

1. 男士着装搭配

（1）职业装的搭配与穿着。男士职业装以西装为主，其服装款式较女性选择少，最理想的款式是两件套，以纯毛或混纺织品为宜。颜色以藏青色、灰色、铁灰色为主。在正式场合，穿西装需系领带，领带的长度以达到皮带下缘为宜。若穿毛衣或毛背心，应将领带放置毛衣内。系领带时，衬衣的第一个纽扣务必扣好。即使秋冬季节，也注意不要穿得过于臃肿，会破坏西装的线条美，可在衬衣内穿一件薄内衣，衬衣外穿一件毛衣或毛背心。

（2）衬衫的选择与搭配。穿正装必须搭配长袖带领衬衣，衬衫袖口露出衣袖口2厘米左右为宜。深色西装配白色衬衣，花衬衣配单色西装，条纹与方格间不要混搭。领带的颜色一般与衣服颜色搭配一致，或成鲜明对比，如黑西装、白衬衫配蓝、灰色领带。有花纹图案的领带，如斜条纹代表果断。

（3）鞋袜的选择与搭配。鞋袜的选择应与整体装束保持一致，颜色至少与皮带、表带保持一致。在正式场合，男士只适合穿黑色或深咖色皮鞋。

2. 女士着装搭配

（1）女士西装。职业套装更能显露女性的高雅气质和独特魅力。挑选西装时，以基本色为宜，不需要选择流行的颜色，黑、蓝、灰或者条纹、碎点的图案较好，质地以毛呢或混纺为主。选择西装时，应根据个人年龄、身材、气质等特点区别对待。年龄较长、体形较胖者宜选择一般款式；年轻女士应穿新潮些的西装，以突出青春美。

（2）裙装。裙装是最能体现女性形态美的着装，以连衣裙或套裙为主。连衣裙单独穿戴，可选用灰色、藏青色、米色、驼色等面料。裙装应注意宽度、长短适中，与个人体型相互补充。如高大丰满的女性穿长度过腰的上衣，裙子长度及膝或裙套装比较合体；矮个女孩穿上下色调统一的套装或连衣裙，会显得身材修长。

（3）鞋袜选择与搭配。合体的鞋袜能增加女士的整体美，提高女性魅力。在正式场合，不宜穿凉鞋。选择高跟鞋时，注意舒适度，不要穿过高过细的皮鞋，以免长期站立引起的腿部不适，或走路东摇西摆，影响整体形象。在穿裙装时，应当配备长筒丝袜或连裤袜，颜色以肉色、黑色为最常见。并在办公室配备一双袜子，以防裤袜出现勾丝、破洞的情况。

三、服务饰品礼仪

无论是一条项链，还是一枚戒指、一枚胸针，起到的应是辅助、烘托、陪衬的作用，得体适度的配饰会给服务从业人员的仪表加分。如果选择得当，这些配饰会让略显庄重甚至老气的职业装更具活力。当然，配饰的选择绝非简单地罗列或叠加，而是因人而异、因时而异。

（一）饰品佩戴礼仪

饰品佩戴以少为佳，总数不宜超过三种。除耳环是左右两边各戴一个，其他同类饰品不超过一件。饰品佩戴与季节相一致，如金色、深色适合冷季佩戴，而银色、浅色适合暖季佩戴。同时，保持饰品与职业装的一致性，要兼顾服装的质地、色彩、款式。如选择卡通类饰品增加活力，但不能过分突兀。饰品的选择应与自己的性别、年龄、岗位相一致，如过大的金饰有招摇之嫌，易令人心生反感。

（二）饰品的选择与佩戴

手表作为一种男女皆可佩戴的饰物，已逐步淡化了其计时的基本功能。在正式场合佩戴的手表，造型应当庄重、保守，避免怪异、新奇，这点男士尤为要重视。一般而言，手表形状以正圆形、正方形、椭圆形较为合适。同时色彩不宜杂乱，金色、银色、黑色是较为合适的色系，不应选择三色或三色以上的手表。

领带被称作"西装的灵魂"，男士在穿职业装时普遍系领带。领带有单色、多色之分，但在职场，以蓝色、灰色、棕色等单色领带为宜；图案则应规则、传统，如斜条、横条、竖条以及规则的碎花等。领带的标准长度应是下端正好触及皮带扣的上端。穿西装上衣系好衣扣后，领带应处于西装上衣与内穿的衬衫之间。

项链是戴于颈部的环形首饰，男女均可使用，但男士佩戴时不宜外露。项链的粗细应与脖子的粗细成正比。短项链长度40厘米左右，适合低领上装；长度约为50厘米的中长款可广泛使用；而长于50厘米的长款项链则不适合与职业装搭配，较常用于社交场合。

戒指又称作指环，戴于手指之上，一般仅戴一枚。戒指的大小应与手指的粗细成正比，已婚人士一般将戒指戴于左手无名指上。

耳环可分为耳钉、耳坠等，一般为女士所用，且成对佩戴。在选择耳环时应考虑自己的脸型，不要选择与脸型相似形状的耳环，以免脸型的短处被强化扩大。若没有特殊要求，不要同时佩戴耳环、项链与胸针。因为三者都集中在齐胸一线，显得过分张扬。

胸针是别在胸前的饰物，多为女性佩戴。因其图案以花卉为主，又被称作胸花。别胸针的部位有一定讲究。穿西装时，胸针应别在左侧领上；穿无领上装时，应将其别在左侧胸前。具体高度应为从上往下数第一粒与第二粒纽扣之间。

手帕也是一种饰物，西装左手边口袋里，露出折成三角形、三尖形、双尖形、花瓣式等形状的手帕，会给人平添几分风度。

第三节 服务仪态礼仪

案例导入

近几年，"充电"的概念在服务岗位越来越流行，它已经不仅仅局限于考取一些职业资格技能证书、参加一些培训，个人仪态的训练、审美情趣的陶冶也常常被服务人员提上学习的日程。

4S店销售人员王小姐说，刚进入公司的时候，她很不注重仪态，身材偏胖，严重影响了工作效率。在形体培训中心，她了解到形体训练不仅仅是身材方面的因素，还包括工作、生活中所呈现出来的仪态和举止。通过培训，王小姐说收获很大，工作状态得到明显的改善，工作业绩也明显提高。她说："以前只认为专业知识才是事业发展的关键，现在才真正体会到，个人的形象气质不容忽视。"

仪态是指人际交往过程中身体所呈现出的各种姿势和风度。姿势是指身体所呈现的样子，风度则属于内在气质的外化。每个人总是以一定的仪态呈现在别人面前，一个人的仪态包括他的所有行为举止：一举一动、一颦一笑、站立的姿势、走路的步态、说话的声调、对人的态度、面部的表情等。而这些外部的表现又是一个人内在品质、知识、能力等的真实流露。美国心理学家梅拉比安有这样一个著名的公式：人类全部信息的表达 = 7% 的语言 + 38% 的声音 + 55% 的体态语。可见，仪态在人与人相处时的重要作用。

仪态在社交活动中有着特殊的作用。潇洒的风度、优雅的举止，常常令人赞叹不已，给人留下深刻的印象，受到人们的尊重。在与人交往的过程中，我们可以通过一个人的仪态来判断他的品格、学识、能力，以及其他方面的修养程度。仪态的美是一种综合的美、完善的美，是仪态礼仪所要求的。这种美应是身体各部分器官相互协调的整体表现，同时也包括了一个人内在素质与仪表特点的和谐。容貌秀美、身材婀娜是仪态美的基础条件，但有了这些条件并不等于就是仪态美。与容貌和身材的美相比，仪态美是一种深层次的美。容貌的美只属于那些幸运的人，而仪态美的人，往往是一些出色的人。因而仪态的美更富有永久的魅力。

依照服务行业的规范化要求，服务行业员工在自己的工作岗位上，务必要高度重视体态语的正确运用。这个问题又可以分为相互关联的两个不同方面，即更为有效地运用自身的体态语与更为准确地理解他人的体态语。

仪态在服务岗位的社会活动中具有特殊的作用。潇洒的风度、优雅的举止常常会给顾客留下深刻的印象，令人赞叹不已。作家塞缪尔·斯迈尔斯有句名言："一个人的行为举止、风度仪表是展现一个人外在魅力的主要方式之一，优雅的行为举止使人风度翩翩。"仪态的美是一种完善的美、一种综合的美，是仪态礼仪所要求的，这种美应该是各个身体器官相互协调的整体表现，同时也包括了人们内在的素质与仪表特点的和谐。

要做到有效地运用自身的体态语，需要注意以下三个问题：

一是应当增强自己正确运用体态用语的自觉性。服务行业的员工应该善于观察工作环境和具体的体态语，在此基础上，对自己的种种体态语进行认真的自我检查。最后，还应当在实践中自然地运用各种体态语，并检验实效性。

二是要提高自身的体态语和自己的社会角色以及所处情境的对应性。只有做到这一点，才能够使自己的体态语被别人所理解，从而使本人为对方所接纳。

三是运用体态语时最基本的要求是有益于表达自尊和敬人之意。要真正做好这一点，就必须认真克服自己在仪态方面的不良之习，努力使之礼貌、文明、优雅、大方。

要更为准确地理解别人的体态语，同样也要求服务行业员工注意以下三个方面：

一是要充分认识到，他人的体态语通常与其个人的性格、当时特定的环境具有一定的联系。所以，理解他人的体态语，往往需要因人而异。孤立地仅仅从某一个体态语去判断他人的来意，有时难免产生误会。

二是要充分认识到，确认他人每一个具体的体态语的本意，通常应从整体上考察其体态语着手。这主要是因为，在一般情况下，一个人各种体态语的使用，大都整体协调、相互呼应，体态语之间一定有必要的联系，不太可能孤立地出现。

三是要充分地认识到，只有在真正理解他人内心感情的前提下，才有可能准确地理解其种种体态语的含义。

做到了以上几点，服务行业员工才能真正地做到善解人意。

服务人员的体态用语日常表现有很多种，但常见于公共场合的不外乎站、坐、走、表情和手势等。不同的仪态传递不同的信息，良好的仪态会对人与人的交往过程产生积极的作用。无论何种仪态，在人际交往和服务工作中，其表现都应该是尽可能地带给人一种如沐春风的感觉，这是社会审美和服务工作的需要，也是仪态礼仪最基本的要求。

一、服务站姿礼仪

服务人员的站姿是静态的造型动作，也是其他动态美的起点和基础。古人云："站如松"，就是良好的站立姿势应该像松树一样给人一种挺、直、高的感觉。

（一）常用站姿

1. 肃立站姿

肃立站姿的基本要求是：身体立直，双手自然下垂置于身体两侧；收腹、立腰、挺胸、提臀；双腿自然并拢，脚跟靠紧，脚掌分开呈 V 字形，约45°～60°。面部表情严肃、庄重、自然。肃立站姿多适用于隆重的场合，如升旗仪式、公司庆典、剪彩等仪式。

男士站姿

女士站姿

2. 基础直立站姿

直立站姿的基本要求是：身体立直，右手搭在左手上，自然贴在腹部（前搭手式）；或两手背后相搭在臀部（后背手式），两腿并拢，脚跟靠紧，脚掌分开角度为 V 字形；（男女都适用，男士两脚可以略分开站立更显洒脱）。

3. 女士直立站姿

两脚并拢或者两脚尖略张开，右脚在前，左脚内侧抵住右脚跟成丁字步；两手自然并拢，右手搭在左手上，大拇指交叉，自然贴在腹部；身体直立，收腹挺胸，身体重心放在左脚上，也可以放在两脚上，通过重心移动减轻疲劳。这种站姿多用于商业服务，表示对客人的尊重和欢迎。

4. 男士直立站姿

男士直立站姿的基本要求是：身体立直，两脚分开与肩齐宽，以 20 厘米为宜。两手背后相搭，贴在臀部，双目平视，面带微笑，其余与肃立站姿相同。男士引导式直立站姿的基本

基础直立站姿

要求是：两脚展开角度为90°，右脚脚跟置于左脚内侧中间位置，呈右丁字步；身体直立，右手背后，左手下垂，重心置于两脚，双面平视，面带微笑。或左脚脚跟置于右脚内侧中间位置，呈左丁字步；身体直立，左手背后，右手下垂，重心置于两脚，双面平视，面带微笑。其余与肃立站姿相同。

（二）训练站姿的方法

1. "五点一线"靠墙训练法

头、肩胛骨、臀、小腿、腿根五点在一条直线上，尽可能收腹贴墙站立。

2. 顶书训练

把一本书放在头顶，颈部自然挺直，收下颌，目视前方，头部尽可能向上顶，保持身体直立。

3. 背靠背训练

两人为一组，以双方的后脑勺、肩部、髋部为接触点，练习站姿的稳定性。

（三）站姿的禁忌

（1）站立时，忌头歪、肩斜、胸凹、腹凸、背弓、臀撅、膝屈。

（2）忌双腿叉开超过双肩、双脚乱动或交叉地站立。

（3）忌将手插在裤袋里或交叉在胸前，那样会给人一种敌对、盛气凌人的感觉。

（4）忌自由散漫、无精打采或下意识地做些小动作，那样会显得拘谨，缺乏自信。

二、服务坐姿礼仪

坐姿也是仪态礼仪的主要内容之一，是身体呈静态的一种造型。"坐如钟"就是良好的坐立姿势，应该像钟一样给人一种文雅、稳重、大方、自然的美感。

（一）坐姿的基本要求

（1）入座时，走到座位前，右脚向后撤半步，上身保持正直轻稳地坐下。在正式场合，一般从座位的左边入座，称为"左进"。着裙装的女士，入座时将裙子的下摆稍微收拢一下。

（2）两腿并拢，两脚靠紧，小腿垂直于地面，大小腿折叠约 90°，两手相握放于大腿上。

（3）坐在椅子上，上体应自然挺直，背部成一平面，身体重心垂直向下。一般情况下不允许靠背，休息时可以轻轻靠背。

（4）头正，双目平视前方，面容平和自然。

（5）离开座位时要自然稳当，右脚向后出半步，然后起立，右脚再与左脚并齐。在正式场合离位时，一般从左侧离开自己的位置，称为"左出"。

（二）女士坐姿

1. 标准式

标准坐姿可以称为第一坐姿，此坐姿适合于刚刚与客人接洽。要领：抬头收额，挺胸收肩，两臂自然弯曲，两手交叉叠放在偏左腿或是偏右腿的地方，并靠近小腹。两膝并拢，小腿垂直于地面，两脚尖朝正前方。着裙装的女士在入座时要用双手将裙摆内拢，以防坐出皱纹或因裙子被打折而使腿部裸露过多。

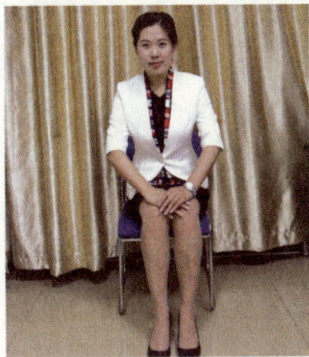

标准式坐姿

2. 前伸式

此坐姿适合于与交谈方面对面坐着。要领：在标准坐姿的基础上，两小腿向前伸出一脚的距离，脚尖不要翘起。上身可略向前倾，表示对对方的尊敬。

3. 前交叉式

要领：在前伸式坐姿的基础上，右脚后缩，左脚交叉，两踝关节重叠，两脚尖着地。

4. 屈直式

要领：右脚前伸，左小腿屈回，大腿靠紧，两脚前脚掌着地，并在一条直线上。

5. 后点式

要领：两小腿后屈，脚尖着地，双膝并拢。

侧点式坐姿

6. 侧点式

要领：两小腿向左斜出，两膝并拢，右脚跟靠拢左脚内侧，右脚掌着地，左脚尖着地，头和身躯向左斜。注意大腿、小腿要成90°的直角，小腿要充分伸直，尽量显示小腿长度。

后点式坐姿   侧挂式坐姿

7. 侧挂式

要领：在侧点式基础上，左小腿后屈，脚绷直，脚掌内侧着地，右脚提起，用脚面贴住左踝，膝和小腿并拢，上身右转。

8. 重叠式

重叠式坐姿我们通俗会说成二郎腿，长期此坐姿容易造成腰椎与胸椎压力分布不均，引起原因不明的腰痛，甚至是静脉曲张等疾病。所以此坐姿建议少用。要领：在标准式坐姿的基础上，腿向前，一条腿提起，腿窝落在另一腿的膝关节上边。要注意上边的腿向里收，贴住另一腿，脚尖向下收起。

（三）男士坐姿

1. 标准式

要领：上身挺直，身体端正，双腿自然弯曲，小腿垂直于地面并与肩同宽，双手分放在两膝上。

2. 前伸式

要领：上身挺直，身体端正，两小腿向前伸出一脚的距离，脚尖不要翘起。上身可略向前倾，表示对对方的尊敬。

3. 侧身前伸式

此坐姿适用于与人交谈的时候，侧身面向交谈者，表示对对方的尊敬。其余要领同前伸式。

4. 重叠式

要领：右小脚垂直于地面，左腿在上重叠，左小腿向里收，脚尖向下，双手可平放在腿上或放在扶手上。

（四）坐姿的禁忌

（1）切忌坐在椅子上时，转动或移动椅子的位置。

（2）在座椅上，切忌大幅度叉开双腿，或者将双腿伸出太远，更不要将双脚藏在座椅下，或用脚钩住椅子的腿。

（3）忌双脚或单脚抬放在椅面上，或者盘坐在椅子上。

（4）采用重叠式坐姿时，忌双腿不停抖动或晃动。

（5）起立的时候，一定要保持一种平稳的速度，避免把座位弄响。

三、服务走姿礼仪

走姿，是动态的举止，往往留给别人的印象最为深刻、影响最大。因此，正确的走姿相对也难一些。古人云"行如风"，就是良好的走姿所体现出来的韵味。

（一）走姿的基本要求

正确的走姿，基本要求有如下几点。

（1）规范的走姿，以端正的站姿为基础。

（2）行走时，上身挺直，挺胸收腹，腰背笔直，屈大腿带动小腿向前迈步。

（3）双肩平稳，双目平视，以肩关节为轴，手臂前后自然摆动，前摆约 35°，后摆约 15°，切忌向前摆动双臂时向外张开；相反，可微微向内摆动一些。因为向外的摆臂方式会给人带来一种横行的感觉，很不雅观。

女士走姿

（4）步幅适中，一般是前脚的脚跟与后脚的脚尖距离为脚长。

（二）女士走姿

女士的走姿要领：步履轻捷优雅，步幅适

中，不快不慢，展现出温柔、矫健的阴柔之美。女士行走的可根据所穿鞋的鞋跟高度来适当调整，一般女士的步幅在 30 厘米左右，每分钟行走 118～120 步。女士常见的走姿是"一字步"，要领是行走时两脚内侧在一条直线上，两膝内侧相碰，收腰提臀，肩外展，头正颈直，微收下颌。

（三）男士走姿

男士的走姿要领：步履雄健有力，不慌不忙，展现出雄姿英发、英武刚健的阳刚之美。男士行走的步幅在 50 厘米左右，每分钟行走 108～118 步。男士常见的走姿是"平行步"，要领是双脚各踏出一条直线，使之平行，步伐快而不乱，与女士同行时，男士步伐应与女士保持一致。

（四）不同着装的规范走姿

走姿应展现服装的特点，着不同的服装，对走姿有不同的要求。

1. 着西装

着西装的走姿，应以直线为主，行走时能展现出穿着者的挺拔、优雅的风度。穿西装行走时，要注意后背平直、两腿立直、步伐挺拔，走路的步幅可以略大一些，手臂放松，伸直摆动。行走时肩、髋等部位不要摆动或晃动。

2. 着旗袍

女士着旗袍的走姿，应展现东方女性的古典美、曲线美。着旗袍的时候，最好穿高跟皮鞋，步幅不宜过大，两脚前后要走在一条直线上。用腰部的力量把身体力量提起，髋部可随身体重心的移动稍稍摆动，体现婀娜的风韵。手臂在体侧摆动，摆幅不宜过大。

3. 着裙装

女士着裙装的走姿，应能显出女性身体的修长和曲线美。着裙装的走姿，应平稳有力，步幅不宜过大，应在本人一鞋之内，步速可以稍快，体现轻盈、活泼和灵巧的风格。

4. 着长裙

女士着长裙的走姿，要求步幅平稳，可以稍微大一些，在本人的一鞋之外，给人修长、飘逸洒脱之感。行走时，要保持裙摆的摆动与脚步协调，增加韵律感。

（五）良好走姿要注意的问题

（1）走路时，最忌内八字和外八字步伐。

（2）走路时，忌弯腰驼背、歪肩晃臀、头部前伸。

（3）行走时，忌摆臀、左顾右盼。

（4）走路时，膝盖和脚踝都应轻松自如，以免显得僵硬，切忌脚蹭地面、上下颤动。

（5）走路时，忌边走路边指指点点对别人评头论足。

（6）走路时，应自然地摆动手臂，幅度不可太大，前后摆动的幅度约45°，切忌做左右式的摆动。

（7）走路时，步幅与呼吸应配合成规律的节奏，穿礼服、裙子或旗袍时步伐要轻盈优美，不可跨大步。若穿长裤，步幅可稍大些，这样会显得生动些。

四、服务蹲姿礼仪

蹲姿在日常生活中使用得非常多，如当我们要俯身捡起什么东西时、集体合照时，就需要采取蹲姿。蹲姿需做到优美、典雅。

（一）蹲姿的基本要求

（1）下蹲时，应自然、得体、大方，不遮遮掩掩。

（2）下蹲时，应两腿合力支撑身体，避免滑倒。

（3）下蹲时，应使头、胸、膝关节在一个角度上，使蹲姿优美。

（4）女士无论采用哪种蹲姿，都要将腿靠紧，臀部向下。

（二）常用的蹲姿

1. 高低式

男性在选用这一方式时往往更为方便，女士也可选用这种蹲姿。这种蹲姿的要求是下蹲时，双腿不并排在一起，而是左脚在前，左脚稍后。右脚应完全着地，小腿基本上垂直于地面；右脚则应脚掌着地，脚跟提起。此刻右膝低于左膝，右膝内侧可靠于左小腿的内侧，形成左膝高右膝低的姿态。臀部向下，基本上用右腿支撑身体。

高低式蹲姿　　　　　　　　　　交叉式蹲姿

2. 交叉式

交叉式蹲姿通常适用于女性，尤其是穿短裙的人员，它的特点是造型优美典雅，特征是蹲下后以腿交叉在一起。这种蹲姿的要求是下蹲时，左脚在前，右脚在后，右小腿垂直于地面，全脚着地，右腿在上，左腿在下，二者交叉重叠；左膝由后下方伸向右侧，左脚跟抬起，并且脚掌着地；两脚前后靠近，合力支撑身体；上身略向前倾，臀部朝下。

3. 半蹲式

一般是在行走时临时采用。它的正式程度不及前两种蹲姿，但在需要应急时也可采用。其基本特征是身体半立半蹲，主要要求是下蹲时上身稍许弯下，但不要和下肢构成直角或锐角；臀部务必向下，而不是撅起；双膝略为弯曲，角度一般为钝角；身体的重心应放在一条腿上；两腿不要分开过大。

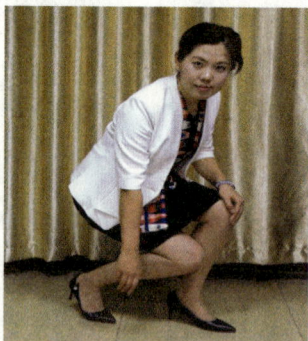

半蹲式蹲姿　　　　　　　　　　半跪式蹲姿

4. 半跪式

又叫作单跪式蹲姿。它也是一种非正式蹲姿，多用在下蹲时间较长，或为了用力方便时。双腿一蹲一跪。主要要求是下蹲后，改为一腿单膝点地，臀部坐在脚跟上，以脚尖着地。另外一条腿，应当全脚着地，小腿垂直于地面。双膝应同时向外，双腿应尽力靠拢。

（三）正确蹲姿要注意的问题

（1）弯腰捡拾物品时，两腿叉开，臀部向后撅起，是不雅观的姿态；两腿展开平衡下蹲，其姿态也不优雅。

（2）下蹲时注意内衣"不可以露，不可以透"。

五、服务手势礼仪

手势又称为"手姿"。手势作为肢体语言的一种，能很直观地表达人们的情绪和态度，它是体态语言中最丰富、最具有表现力的传播媒介。人们在日常生活中常常借用手势来表达思想和观点，久而久之，这些手势形成一定的思想意义。在人际交往过程中，大方、恰当的手势可以给人以肯定、明确的印象。它是沟通情感的媒介，也可以加强语气、增强感染力，为人的交际形象增辉。

（一）规范手势的基本要求

（1）幅度适中，手势的高度上界一般不超过对方的视线，下界不低于自己腰部；手势左右摆动的范围不要太宽，应在胸前或右方。

（2）指示方向时，五指伸直并拢，屈肘由腹前抬起，手腕和手臂成一条直线，身体要侧向对方，视线要兼顾所指方向和对方，直到对方清楚明了后，再把手臂放下。

（3）与人交谈时，动作不宜过大，手势也不宜过多，速度的快慢和时间的长短要根据场景来控制。

（4）眼神和所指示方向要一致。

（5）手臂向前时，要微微前倾身躯 5°～10°。

（二）常用的几种手势

1."请进"手势

引导客人时，接待人员要言行并举。首先轻声地对客人说"您请"，然后可采用"横摆式"手势，五指伸直并拢，手掌自然伸直，手心向上，肘作弯曲，腕低于肘。以肘关节为轴，手从腹前抬起向右摆动至身体右前

51

方，不要将手臂摆至体侧或身后。同时，脚站成右丁字步。头部和上身微向伸出手的一侧倾斜，另一手下垂或背在背后，目视宾客，面带微笑。

"请进"手势

前摆式手势

2. 前摆式

如果右手拿着东西或扶着门，这时要向宾客作向右"请"的手势时，可以用前摆式：五指并拢，手掌伸直，由身体一侧由下向上抬起，以肩关节为轴，手臂稍曲，到腰的高度再由身前向右方摆去，摆到距身体 5 厘米，并不超过躯干的位置时停止。目视来宾，面带微笑，也可双手前摆。

3. "请往前走"手势

酒店礼仪培训中，为客人指引方向时，可采用"直臂式"手势，五指伸直并拢，手心斜向上，曲肘由腹前抬起，向应到的方向摆去，摆到肩的高度时停止，肘关节基本伸直。应注意指引方向时，身体要侧向来宾，眼睛要兼顾所指方向和来宾。

4. "请坐"手势

接待来宾并请其入座时采用"斜摆式"手势，即要用双手扶椅背将椅子拉出，然后左手或右手屈臂由前抬起，以肘关节为轴，前臂由上向下摆动，使手臂向下成一斜线，表示请来宾入座。

"请坐"手势

5. "诸位请"手势

当来宾较多时，表示"请"可以动作大一些，采用双臂横摆式。两臂从身体两侧向前上方抬起，两肘微曲，向两侧摆出。指向前进方向一侧的臂应抬高一些、伸直一些，另一手稍低一些、曲一些。

6. "介绍"手势

为他人做介绍时，手势动作应文雅。无论介绍哪一方，都应手心朝上，手背朝下，四指并拢，拇指张开，手掌基本上抬至肩的高度，并指向被介绍的一方，面带微笑。在正式场合，不可以用手指点或拍打被介绍一方的肩和背。

"诸位请"手势　　　　　　　　　　鼓掌手势

7. 鼓掌

鼓掌时，用右手掌轻击左手掌，表示喝彩或欢迎。掌心向上的手势表示诚意、尊重他人，掌心向下的手势意味着不够坦诚、缺乏诚意等。

8. 举手致意

举手致意时，要面向对方、手臂上伸、掌心向外，切勿乱拜。

举手致意手势

挥手道别手势

9. 挥手道别

挥手道别时，要做到：身体站直、目视对方、手臂前伸、掌心向外、左右挥动。

（三）手势禁忌

（1）注意区域性差异。在不同国家、不同地区、不同民族，由于文化习俗的不同，手势的含义也有很多差别，甚至同一手势表达的含义也不相同。所以，手势的运用只有合乎规范，才不至于无事生非。

（2）手势宜少不宜多。多余的手势，会给人留下装腔作势、缺乏涵养的感觉。

（3）要避免出现不雅的手势。在交际活动中，有些手势会让人反感，严重影响形象。比如，当众搔头皮、掏耳朵、抠鼻子、咬指甲、手指在桌上乱写乱画等。

延伸阅读

［1］ 胡锐,边一民.现代礼仪教程［M］.杭州:浙江大学出版社,2004.

［2］ 张岩松.现代交际礼仪［M］.北京:经济管理出版社,2002.

［3］ 袁涤非.现代礼仪［M］.北京:高等教育出版社,2014.

视频链接

1. 服务礼仪。https：//v.qq.com/x/page/n01275pjdmp.html。

2. 袁涤非，现代礼仪公开课第二讲。https：//v.qq.com/x/page/q0184uxdx33.html。

第 三 章

服务沟通礼仪

　　在现代企业中，服务人员出于对客人的尊重与友好，在为客人提供服务的过程中，除了要注重仪容、仪表、仪态之外，还应学会使用规范的服务语言。用热情的服务态度向客人提供主动、周到的服务，可以表现出服务人员良好的风度与职业素质。在与客人的交流中，最重要的是需要通过沟通来了解客人的需求，进而提供更优质的服务，因此，如何在服务过程中更好地使用沟通礼仪是本章将要为读者朋友们介绍的内容。

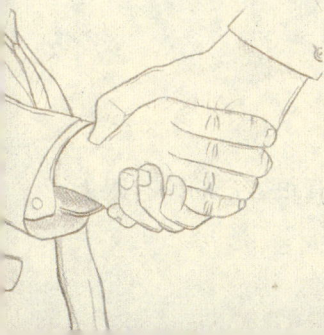

第一节　服务中沟通技巧概述

💬 案例导入

　　某银行柜员小丽，这天她跟父母对于找男朋友的事情闹了点别扭，于是把情绪带到了工作中来。跟往常一样，下午上班时间刚坐上椅子就来了一名王姓客户。王姓客户把叫号的单子和银行卡递了进来。

　　"帮我把钱取一下。"

　　小丽面无表情地回答："请问您取多少钱呢？"

　　"我取 2800 元。"

　　"先生，不好意思，20000 元以下的存款麻烦您到柜员机直接取，谢谢！"

　　王姓男子看着小丽说道："我等了半天了，柜台不能取吗？"

　　"先生，您好！20000 元以下的请您直接到柜员机上取。"

　　"你什么意思？这银行还分高低贵贱啊？2800 元不能取啊？"

　　"先生，刚已经跟您解释过了，20000 元以下的请直接到柜员机取。"

　　"怎么就的了？我今天就必须在柜台取！我排了那么久的号子，怎么就不能取了？银行养着你们有什么用？不如都用柜员机算了！银行就该让你们都下岗！"小丽听着这名王姓客户的抱怨，心里很不舒服，嘴里小声嘟哝了一句"神经病！"

　　这一下不得了了，因为没有关闭话筒，直接被王姓客户听见了，他勃然大怒，指着小丽就开始大声骂了起来，周围的其他客户也都开始围观看热闹。王姓客户直接说要投诉小丽，大堂经理连忙过来劝架，安抚客人情绪，网点负责人也出面，最终向客户道了歉，要求小丽直接在柜台办理王姓客户的业务才平息了这场风波。事后，小丽却想着："我也是按章办事，为什么还是我的错？"

　　读者朋友们，你们看看这到底是什么原因，这件事情到底是谁的错？

一、沟通的定义

　　服务人员在工作中，无时无刻不在进行着沟通，有跟客户的，有跟上司的，有跟同事的。在实际工作中，造成工作效率低下其中的一个重要原因就是沟通双方对于所沟通的事情从不同角度去理解，没有达成一致而导致沟通失败。首先，让我们一起来了解一下什么是沟通。

沟通是为了设定的目标，把信息、思想和情感在个人或群体间传递，并达成共同协议的过程。

二、沟通的三大要素

（一）沟通必须具有目的性

一名麦肯锡咨询公司的精英曾提起自己刚入行时的经历："有一次，我在飞机上结识了一个企业的高管。他得知我是麦肯锡的人，便与我攀谈了起来。从他的话中我得知他似乎有咨询的需求，于是便有一种想要让他成为我的客户的想法，在整个行程中，我们俩聊得非常开心，我得知他喜欢冲浪，他有一个 6 岁的女儿，他的大学与我的大学相隔只有 80 千米，他是一个虔诚的素食主义者。我们下飞机的时候互相留了联系方式，但在这之后，他一次也没给我打过电话，我有一次主动打电话给他，也没有听到他任何业务上面的要求，我只是和他聊了聊家常。当时我一直不知道自己错在哪里，直到我做这一行时间长了，见识了很多优秀的咨询精英是如何与客户沟通、如何获得咨询订单的，我反思自己当初的表现，这时才发现，自己整个旅程中几乎都在闲谈，居然没有想着把自己推荐给他。"

从这个案例中可以看到，故事的主人公没有明确的目的性。导致整个长时间的接触变成了一个没有效率的沟通。

在日常生活中，我们经常会东家长西家短地与别人聊天，主题不一定明确，有时候是一个，有时候是多个，可以聊天气、各自的兴趣爱好、家庭等。实际上，这种聊天式的沟通是没有效率的，我们所说的沟通是指一定要有一个明确的目的，这是达成有效沟通的前提。这是沟通和闲谈的区别。所以，当我们需要跟别人沟通时，可以直接开门见山地说："我此次的目的是……"

（二）沟通结束时要达成共同的协议

一次成功的沟通是要在沟通结束的时候，一方或者多方共同承认一个协议。也就是说，一次沟通结束时，要有一个人出来做总结，对于所沟通的事项，双方达成一致的意见。

小珍的新房要到明年10月底才交房，现在正值国庆节假期，小珍觉得可以先到建材市场去转一圈，于是便与她丈夫一同去了一家较大的家居建材卖场。小珍也是漫无目的地逛，一会儿看看瓷砖，一会儿又看看家具，一会儿看看中式的，一会儿又看看美式的，在商场里转了两个小时一无所获。小珍的丈夫逛得也有点累了，便说："你这样漫无目的地逛，什么时候才是个头啊？离我们装修还有将近一年的时间，你现在逛有没有必要？什么功课也不做就直接来商场，浪费时间，浪费精力，我还不如在家看看电视，休息休息。"小珍虽然觉得丈夫说得有道理，但是又觉得丈夫对她说话的语气充满了抱怨，于是也不答话，自己在一边生闷气。丈夫看看小珍的态度，明白自己说话的语气稍重，让小珍不舒服了，于是平复了一下刚刚急躁的态度，又说道："亲爱的，现在信息相对比较透明，我们要查什么资料都可以先在网上看看，你说对不对？而且哪个商场有什么活动我们也可以先了解一下，要是同品牌同款式既能享受店家优惠，又能参加商场活动岂不是一举两得，最终是我们自己得利啊。再说了，我们现在连个装修方案也没有，具体装修风格都还没确定，就这样出来看，目的性不强，没有针对性，确实有点浪费时间。今天我们先不逛了，带你去看看衣服，咱们去吃点好吃的，你看行吗？关于装修的事情，等我们有详细的方案了，再来比较品牌，比较价格，你说好不好？"小珍听到丈夫的态度转变，心里舒服多了，而且也非常赞同丈夫的说法，两口子就高高兴兴地离开建材市场了。

从这个案例可以看到，两人在装修的问题上达成的共同意见就是，先定装修方案再来比较品牌和价格，使得这次沟通顺利地进行。所以，对于所沟通的事项，双方达成一致的意见，这才叫沟通，这是沟通的第二大要素。

当然，在实际工作中也经常会出现，因为一个问题，可能反复会开多次会议，还得不到解决方案。这是失败的沟通吗？这要视具体情况而定，如果是一个非常复杂的项目，可能针对于细节，会有多次会议，需要来解决不同阶段出现的具体问题。因此，是否沟通完成，是不是成功的沟通，要看最终是否达成共同意见的协议。可以在沟通结束时，由一方做总结，并互相确认沟通的结果。

（三）沟通的具体内容是信息、思想和情感

一个家长因为孩子发烧，来到药店买退烧药，因为害怕小孩晚上还有

严重的反应，不知道药店是否会开门，于是问店员："请问你们几点关门？"店员回答道："我们晚上 10 点半关门。"

这样的信息沟通是很容易的，但是思想和情感却相对难以沟通。日常工作和生活中，如果不进行思想和感情的沟通也会对自身造成一些不利影响。

A 软件公司研发部因为业务发展的需要，刚招聘进来一名技术主管韦经理。韦经理自身的专业技术能力强，主管技术的王总很是看重，他希望韦经理能够带出一支技术出色的研发队伍。韦经理也很认真，基本上都是第一个来上班，最后一个下班，但是平常很难见到他与下属或者同级主管沟通。王总对韦经理和其工作伙伴如何沟通感到好奇，便开始注意韦经理的沟通方式。原来，韦经理都是用电子邮件的方式给下属布置工作任务。而他的下属除非必要，也都是用电子邮件的方式来回复工作进度以及提出问题，很少找韦经理当面报告或者讨论问题。韦经理与其他同事也是一样，除了电子邮件几乎没有别的沟通方式。过了一段时间王总发现，这个部门的人员逐渐没有了向心力，也不配合加班，基本只执行邮件交办的工作，不太主动提出企划或问题。而其他各级主管也不像韦经理刚来的时候，主动到他办公室聊一下，大家见面也只是礼节性地打个招呼。一天，王总路过韦经理的办公室，听见他正在打电话，说的内容好像跟另外一名部门主管李经理的业务范围有关，于是他又走到李经理办公室，发现李经理也正在打电话，根据内容确定两名经理是在通话。明明两名主管的办公室就在隔壁，为什么不直接过去说，而是用电话谈。于是，王总便找韦经理谈话，韦经理认为效率应该是公司需要追求的目标，所以他认为他的工作方法都是最节省时间的方式，但是由于他沟通的方式局限于电子邮件，实际上只注重了信息的沟通，而对于思想和情感的沟通基本没有。面对面的沟通虽然会多花些时间成本，但在沟通时可以增进双方的情感。沟通顺畅可以提高工作效率，忽视沟通中的情感交流就会跟案例中出现的情况一样，反而会造成工作效率偏低。

因此，在沟通中这三大要素缺一不可。

三、沟通障碍的形成及化解

一般造成沟通失败的成因有以下几点：

第一，在沟通过程中双方传递信息时，由于没有及时反馈而对于所传递的信息有递减；

第二，在沟通过程中只注重表达没有注重倾听；

第三，没有完全理解对方的意思，提出的问题也有偏差；

第四，对沟通时间预判不够；

第五，职位、文化背景的差异，导致对于同一事情理解不同。

如何来化解这些问题？我们要了解沟通的方式有哪些、沟通的双向性是什么、怎样合理运用沟通行为。

（一）沟通方式

沟通有两种方式：一种是语言沟通，另一种是非语言沟通。如果运用不得当，很容易造成沟通障碍。下面先了解一下这两种沟通方式。

两种沟通方式

如图所示，一般把口头语、书面语、图片、图表等归结为语言沟通，而非语言沟通则涵盖了手势、面部表情、眼神、姿态、声音等沟通方式。

在人们的固有印象中，沟通应该都是通过语言进行的，但实际上发邮件、短信、微信等也属于语言沟通，在面对面交谈的沟通中，会伴随着表情、眼神等来辅助沟通。在电话和语音留言中，语气、语态都属于非语言的沟通范畴。相比较而言，语言沟通更适合沟通信息，非语言沟通更适合沟通思想和情感。

沟通效果中有一个"73855"定律，是指要达到良好的沟通效果，文字语言只占7%，有声语言占38%，而非语言，也就是肢体语言占到55%。由此可见，对于非语言沟通了解的缺乏，会直接导致沟通效果不佳。因此，能当面沟通的，绝不打电话；能打电话的绝不发信息；必须发信息的，要尽量辅以电话的方式进行进一步的沟通。

"73855" 定律

（二）沟通的双向性

沟通是否顺畅取决于沟通双方感知的效果是否在同一频率上。不能只有一方在说或者只有一方在听，对于中间所传递的信息没有反馈、没有接收就很容易造成沟通障碍。比如，一名教师在给 50 个学生讲课，如果整堂课只有老师在讲，学生在学习的过程中没有思考也没有疑问，对于老师提出的任何问题都没有回答，那整堂课就是无效的课程。如果学生能回答问题，即使是回答错误，老师也可以及时掌握学生的实时学习情况，以便调整教学内容。所以，沟通一定是双向的，不能是单向的。

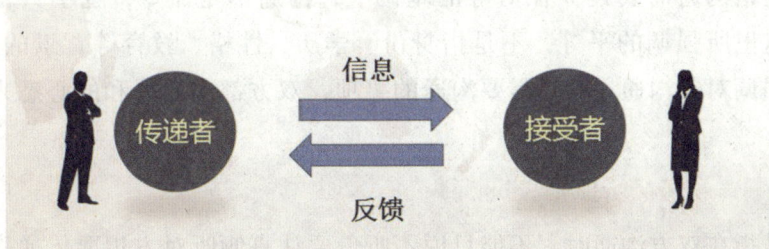

沟通双向性

（三）沟通中的三种行为

沟通实际上是依靠双方在沟通过程中出现的三个行为——"听""说""问"——来完成的。三个行为在沟通过程中所占的比例一旦失调，就会造成沟通的障碍。

一家公司在面试员工的时候，让来应聘的 8 名应聘者在一个大会议室里分为两组，分别设置了两个主题给他们，让其自行讨论。现场没有主考官，也没有其他人，而主考官则是在另外的监控室

沟通中的三种行为

里，观察这 8 名应聘者的反应。主考官主要观察这三种沟通中的主要行为是否都有出现。其中一名应聘者的话非常多，一直在喋喋不休，没有给任何人说的机会，唯恐发表不了意见，还有两名应聘者在整个讨论过程中一言不发，这三人是最先被淘汰的，剩下的 5 人进入了第二轮面试。因为他们在讨论过程中都出现了一定比例的"听""说""问"，说明这 5 人具备基本的沟通技能。

四、沟通的三原则

（一）就事论事原则

不因为一件事情去攻击对方的人格、谈论对方的不是，而是针对需要沟通的具体事项进行讨论，即便是发生分歧，也应以平和的心态理性地寻找解决办法。

（二）对等原则

是指沟通需要建立在对等的基础上，沟通不是命令，也不具备强制性。这里所强调的平等，不是指身份、学历、性格、教育等背景的对等，而是强调对等沟通，针对需要沟通的事项，双方都应以平和的心态来进行沟通。

（三）积极倾听原则

是指在双方沟通时，不能只说不听，要认真倾听对方想要传递表达的意思。如果其中有一方只说不听，会让对方没有发表意见的机会，也无法了解对方的真正想法，最后无法达成有效沟通。

第二节　服务中的有效倾听

🗨 案例导入

杨先生与太太年前新购置了一套房子，当时决定购买该楼盘，其中一条很重要的原因是该楼盘附近有一所自建小学，正好可以满足杨先生的儿子上小学的需求。

上周，杨先生的置业顾问发微信给他："杨先生，您好，根据区教育局的要求，需要对本楼盘入读一年级的生源进行摸底。请您本人携带小孩的户口本于下周末两天进行现场登记，感谢您的配合！"杨先生认为只是一个摸底登记，便回信息："如果只是信息登记，能不能请你帮我登记一下，我就不用去售楼部了。"得到了置业顾问的否定回答，要求必须业主本人来进行现场登记。

到了周末杨先生便与太太来到售楼部进行现场登记。由于该楼盘又有新楼正在销售，售楼部大厅人有点多。

一进门就有门迎上前问道："您好，请问您是来看房的吗？"

杨先生回答说："哦，不是的，我们是来登记的。"

门迎："那请您往里走，在柜台处登记。"

柜台处的服务人员A："请您报一下手机号码。"

杨先生："138×××2314。"

柜台处的服务人员A："不对，请问是业主本人吗？"

杨先生："是啊，那要不你试试我太太的号码，186×××5864。"

柜台处的服务人员A："也不对啊。"

杨太太："不可能啊，我们是来给小孩进行入学登记的。"

柜台处的服务人员A："哦，那不是我这里。"

于是又招呼了旁边一名同事，"他们是来进行入学登记的，你帮忙登记一下。"这名顾问头都没抬一下，直接对服务人员A说："我又不是他的顾问，我不知道怎么弄！明明开会的时候都说了的，不用客户直接来，发信息就行了，都不知道这些人开会是怎么开的……"

杨先生与太太此时的脸色非常不好，明明是置业顾问要求必须本人来才前来的，现在其他的顾问又说可以只发信息，让杨先生两口子觉得非常不舒服。杨太太对着这两名正在争执的服务人员说："你们这都是什么态度？说话这么冲干什么？心情不好为什么带情绪到工作中来？"杨太太说完也很是气愤。

此时，另外一名在稍远处的置业顾问走了过来，制止了刚才两名争执的顾问。对杨先生和杨太太说："不好意思，请问你们是来给小孩登记入学的吗？请随我来。"把杨先生两口子带到了里间办公室，并吩咐了同事立马登记，为两位端上了热茶。此时杨先生和杨太太的心情才有所缓解。

从案例中可以看到，门迎以及服务人员 A 都没有做到认真倾听，没有听清楚杨先生和太太进来的需求，也没有进行适时的询问，作为服务人员来讲，她们的这次沟通服务是非常失败的。而最后一名置业顾问认真倾听了顾客的需求，并且快速有效地进行了处理，使得事情最终圆满解决。这就是认真倾听在沟通中起到的重要作用。

一、倾听的五个层次

从"听"的繁体字形来看，古人的造字是非常聪明的。左边一个"耳"，是指听别人讲话的时候一定要用耳朵听进去。右边的上方是个"十"，代表要加上下面横躺的一个"目"字，是指听的时候还得带上眼睛，要观察对方的表情，准确了解对方想要表达的意思。右边的下面有"一"和"心"，是指还得带上一颗真心，听别人讲话不能左耳进右耳出，而是要用心去听对方讲话。最后，左边下面的一个"王"字，是指要把对方当成王一样，引申为要尊重对方，态度要端正。从字面上就指出了在平时的倾听中需要注意的事项。

倾听在沟通中是非常重要的一种沟通行为，怎么才能更好地倾听呢？首先需要了解倾听的五个层次。

（一）忽视地听

是指在跟别人沟通时，连耳朵都没有用上，内心里自以为是，对别人不屑一顾，这是最糟糕的听。

（二）假装在听

是指耳朵用上了，但是没有用心，跟别人沟通时，对方的话基本上是左耳进、右耳出。例如，在单位开大会的时候，很多人表情上好像在认真听，其实思维已经天马行空，早就不在会场了，人在心不在。

（三）有选择地听

是指对对方或者是对谈论的事项有先入为主的观念，只听自己想听的部分，根据以往的经验对说话的人或讨论的话题进行判断，来选择听什么和不听什么。这种情况经常出现在上级与下级的谈话中，有些上级会根据自己的经验，随意插话，不等下属说完就直接判断，并进行指导，往往会出现问题。

（四）全神贯注地听

是指在与人沟通时，认真、完整地以积极的姿态来倾听对方的谈话，表现出对对方的尊重。

（五）同理心地听

是指在与对方沟通时，不仅有眼神上的交流，也能全神贯注地倾听对方的讲话，更重要的是能够以平和的心态，撇开固有观念，站在对方的角度去考虑沟通的内容。沟通时，打开身上的所有感官，去观察对方，去感受对方，让自己感同身受。这是最高层次的倾听。有时候语言沟通表达出来的信息可能并不是最完整的，结合非语言透露出来的信息，能更完整地了解对方的真正用意。

要做到有效倾听，首先，应当好倾听的准备，给对方一个信息或一个眼神，传达给对方一个信息，表明已经准备好了。其次，要有积极的行动表现。沟通时可以不时地点头示意，身体也可以略微前倾，表达对所谈事项有充分的兴趣。最后，要准确地理解对方的全部信息，可以重复重点，与对方进行确认，如有未理解的地方，一定要提出，请对方再做说明。

二、有效倾听的技巧——同理心

同理心（empathy）是 EQ 理论的专有名词，是指正确了解他人感受和情绪，进而做到相互理解、关怀和情感上的融洽。

同理心是个心理学概念。它的基本意思是说，一个人要想真正了解别人，就要学会站在别人的角度来看问题，也就是人们在日常生活中经常提到的设身处地、将心比心的做法。心理学家发现，无论在人际交往中发现什么问题，只要坚持设身处地、将心比心，尽量了解并重视他人的想法，就比较容易找到解决问题的方法。尤其在发生冲突和误解时，当事人如果能够把自己放在对方的处境中想一想，也许就可以了解对方的立场和初衷，进而求同存异、消除误会。其实，同理心并不是什么新的想法，早在2000 多年前孔子就说过："己所不欲，勿施于人。"要做到"推己及人"，一方面，自己不喜欢或不愿意接受的东西千万不要强加给别人；另一方面，应该根据自己的喜好推及他人喜好的东西或愿意接受的待遇，并尽量与他人分享这些事物或待遇。西方文化同样也有强调和推崇同理心的传统，基督教中的"黄金法则"说："你们愿意人怎样对你们，你们也要怎样待人。"其实这就是同理心原则的体现。

同理心就是将心比心，同样时间、地点、事件，而将当事人换成自己，设身处地地去感受、去体谅他人。

乔·吉拉德是世界上最伟大的销售员，连续12年荣登世界吉尼斯纪录大全世界销售第一的宝座，他保持的世界汽车销售纪录——连续12年平均每天销售6辆车——至今无人能破，但最初他也并未如此得心应手。

有一次，吉拉德花了半小时才让一名顾客下定决心进自己的车行来看看他的车。吉拉德所做的一切不过是为了让顾客走进自己的办公室，最终签下一纸购车合约。

当他们看完车向吉拉德的办公室走去时，那名顾客开始向吉拉德提起他的儿子就要进入密歇根大学的事。他十分自豪地说："乔，我儿子要当医生。"

"那太棒了。"吉拉德说。当他们继续往前走时，吉拉德把门打开，一边看那些正在看着自己"演戏"的推销员们，一边听顾客说话。"乔，我孩子很聪明吧！"他继续说，"在他还是婴儿时我就发现他相当聪明。"

"成绩非常不错吧？"吉拉德说，仍然望着门外的人。

"在他们班最棒。"那人又说。

"那他高中毕业后打算做什么？"吉拉德问道。

"我告诉过你的，乔，他在密歇根大学学医。"

"那太好了。"吉拉德说。

突然，那名顾客看着他，意识到吉拉德有些忽视他所讲的话。

"嗯，乔，"他忽然说了一句，"我该走了。"就这样他离开了。

下班后，吉拉德回到家想想今天一整天的工作，分析他所做成的交易和他失去的交易，考虑如何说服白天见到的那名顾客。

第二天上午，吉拉德给那名顾客的办公室打了一个电话，说："我是乔·吉拉德，我希望你能再来一趟，我想我有一辆好车可以卖给您。"

"我已经从别人那买了车。"

"是吗？"

"是的，我从那个欣赏、赞赏我的人那里买的。当我提起我对我的儿子吉米有多骄傲时，他是那么认真地在听。"

随后，他沉默了一会儿，又说："乔，你并没有听我说话，对你来说我儿子吉米成不成为医生并不重要。好，现在让我告诉你。你这个笨蛋，当别人跟你讲他的喜恶时，你得听着，而且必须全神贯注地听。"

顿时，吉拉德明白了他当时所做的事情，此时他才意识到自己犯了多么大的错误。

"先生，如果这就是您没从我这儿买车的原因，"乔说，"那确实是不错的理由。如果换成是我，我也不会从那些不在乎我说话的人那儿买东西。对不起，先生，现在我希望您能知道我是怎么想的。"

"你怎么想?"他说道。

"我认为您很伟大。我觉得您送儿子上大学是十分明智的。我敢打赌您儿子一定会成为世上最出色的医生。我很抱歉让您觉得我无用，但是您能给我一个赎罪的机会吗?"

"什么机会，乔?"

"有一天，如果您能再来，我一定会向您证明我是一名忠实的听众，我会很乐意那么做。当然，经过昨天的事，您不再来也是无可厚非的。"

三年后，这名顾客又来了，这次吉拉德卖给他一辆车。他不仅买了一辆车，而且介绍了他许多的同事来买车。后来，吉拉德还卖了一辆车给他的儿子——吉米医生。

是这名顾客给了吉拉德一个极好的教训，同时也让他学到了一招推销的绝招。从此以后，吉拉德从未在听顾客讲话时分心。他说："毕竟，上帝赐予我们听人讲话的能力，我们必须充分利用。"

对于每个进入自己车行的顾客，吉拉德都要问问他们，问他们是做什么的，家里人怎么样，等等。然后，吉拉德认真地听他们讲的每一句话。大家都喜欢这样，因为这会给他们带去一种受重视的感觉，而且让他们感觉到你十分关心他们。

美国著名的思想家、文学家爱默生有一次想和儿子一起把一头小牛赶到谷仓里去。于是，他在后面用力地推，他的儿子在前面用力地拉，可是，小牛似乎纹丝不动，不管他们怎么使劲，小牛都不肯离开草地。就在他们正绝望的时候，一个农妇正好路过，农妇咯咯咯地笑出声来，她把两个男人支开，将自己的手指放进小牛的嘴里，一边让小牛吮吸，一边轻轻地将小牛推进了谷仓。

为什么农妇把小牛赶到了谷仓呢？其实她只是比这父子俩更懂得小牛想什么，只要能满足其需求，不仅是人，就连动物也会听话。由此可见，一定要运用同理心来理解对方的需求。

站在对方的立场上考虑问题、理解他人，达到感情上的共鸣，就能达到有效沟通。

第三节　服务中的赞美技巧

💬 案例导入

周六，马先生一家在某大型家居城里转悠，想来挑选墙面装饰材料。由于马先生的房子要到年底才能交付，现在才 3 月份，他主要还是想先来了解一下，对比一下哪种墙面材料更加合适。来到卖墙面材料的这一层，一眼望去，有很多家店面，他们随意走进了一家。一名导购走过来，笑容满面地问道："先生，您好！请问想看看墙纸还是墙布呢？"马先生说："哪种好呢？"导购说："请问您家是哪种风格的装修呢？"马先生说："准备装美式风格，不知道用哪种材料比较好？"导购说："主要看您的需求，墙纸和墙布都有自己的优势。方便问一下您家在哪个小区？"马先生说："在恒大御景半岛。"导购说："恒大御景半岛啊？精装修的楼盘吧，之前一期的房子我们做了很多家呢。恒大本来就是精装修的房子，您还要做墙面装修，看得出您对生活的品质要求还挺高的，我建议你们看看墙布。"马先生听到这里还挺高兴的，便追问道："听说很多别墅才选择墙布，墙布的价格偏高吧，我这预算不多啊。"导购说："墙布价格不高啊，跟墙纸价格差不太多，但是墙布因为有刺绣，会很显档次。您来看看我们的样板吧，我给您挑几款美式的，价格给您最优惠的。现在我们商场正在做'3·15'的活动呢，是一年之中力度最大的活动，比'双十一'的活动力度都大！不仅有礼品赠送，还可以抽奖免单，最高金额有 5 万元呢！"一边说话，一边往展示台上拿样本，选了几款非常经典的美式风格的墙布。马先生边听导购的介绍，边看样本，把老婆和孩子都叫过来一起看。导购说道："'哇'，您家的女儿长得好漂亮啊！像那个电影明星，演婉君的那个！'哇'，真的好漂亮啊！"边说还边把其他导购喊过来看，导购们都站在那里逗马先生家的女儿，纷纷赞美他女儿长得漂亮乖巧。马先生一家很是开心。导购接着说："我自己家也是个女儿，我就是个女儿奴，来小宝贝，我帮你选一款非常漂亮的，你看看喜不喜欢？"小女孩看着导购找出来的儿童房样板，非常漂亮，很喜欢，对爸爸说道："爸爸，这个真的好漂亮啊，我很喜欢，粉粉的。"导购说："这个我给别人的底价是 160 元/米^2，这个小女孩这么漂亮，这款我给您再打点折，130 元/米^2！这个贴在您女儿的房间里，绝对适合！谁让我们这么有缘分呢。"马先生一家便坐下来精挑细选，认真听了店家的介绍，对比了墙纸和墙布的特点还有性价比以后，最后选择在这家定了墙布，并且还在他家定了窗帘。

　　在推销自己的产品的时候，不要急于滔滔不绝地推销产品，对于客户，要真诚地赞美，能使客户更好地与你沟通下去，从而寻找到客户的真正需求，再针对性地进行推销，才能达到成交的目的。

一、赞美的作用

　　"良言一句三冬暖，恶语伤人六月寒。"这句话经历了无数岁月的淘洗，一直流传至今，足见其存在的价值。

　　《盖章》是一部只有 16 分钟的微电影，但是它却拿了 10 多个电影节的短片奖项，并成为 YouTube 点击率排行榜的大热门。这部电影的主人公是一名停车场的员工。他在停车场负责给顾客的会员卡盖上箭头符号，顾客便可以在此停车两小时。影片一开始，一名男顾客面无表情，耷拉着脑袋，缓缓地走向盖章的柜台，眼睛也盯着会员卡，没有看男主角。而男主角站在柜台后却是面带微笑，接过顾客递过来的停车卡说道："你看上去棒极了！"男顾客不可置信地看着男主角问了一句："对不起？"男主角说道："你长得很不错，没人跟你说过吗？"顾客说："呃，没有。"男主角说："听好，你看上去很沮丧。而且看上去有时人们不理解你。但是，总有一天，伙计，总有一天，人们会看清你究竟是什么样的人的。"顾客露出了微笑，问道："你……你真的这么认为吗？""绝对的！"男主角非常笃定的表情，"你，真的非常棒！"盖完章之后男顾客便开心地离去了。"请问能盖个章吗？"一名女士来了。男主角用着难以置信地口气说道："你真的很漂亮！特别是您的颧骨！"女士不自觉地抬起手来摸了摸自己的颧骨，问道："真的吗?"……画面一转，商场的保安办公室里很忙碌，一名保安飞快地跑向主管的位置："我们有情况了！"大家便匆匆赶到盖章处，只见盖章排队的长龙一直排到了门外，保安主管很是恼火！男主角正在赞美每一名来到此处的顾客，"先生，你

《盖章》微电影画面

的体型真不错！"保安主管上来对男主角就是一顿数落："年轻人，我们这里是做生意的，不是开社交俱乐部的！"男主角微笑地对保安主管说："这件西服真不错！和你真的很配！"主管面色缓和了下来，问道："你真这么认为?"男主角认真地点了点头，接着对其他几名保安人员说道："伙计们，你们工作真的辛苦了。你们是这个地方得以经营的幕后功臣！"几名保安语气也缓和了很多，摇着头说道："不过我们总觉得没人喜欢我们。你知道，我们其实压力很大的！大多数时候我们都不知道自己在做什么……""不！你们做的事情相当重要！"于是，保安主管向商场的老板引荐了男主角，从此以后男主角的工作也得到了晋升。

其实，对每一名顾客赞美完后，男主角都"啪"地一声盖上章，顾客不仅物质上得到了满足，心理上也得到了满足。因此，赞美首先带给对方的是尊重。

1924—1932 年，有一个著名的"霍桑试验"。参与其中的美国哈佛大学的梅奥教授做了最著名的"访谈实验"。在访谈实验中，梅奥教授组织人力在工厂中开始了访谈计划，访谈的内容没有规定，每次访谈的时间控制在一个小时到一个半小时之间，在访谈过程中，需要记录工人的不满和意见。实验展开之后，梅奥教授发现，工人们长期以来对工厂的各项管理制度和方式存在许多不满，且无处发泄，而访谈恰好给工人们提供了发泄的机会，发泄过后的工人们心情舒畅，士气有所提升，生产效率也有所提高。有人认为，访谈实验其本质是一种对人的尊重。在访谈开始之前，管理者没有建立沟通的渠道，没有尊重工人的概念，因此，工人们只能按照自己的想法和已有制度的监督进行工作，工作效率就不高。当有了访谈实验这个沟通渠道以后，工人们感觉到自己的意见被重视了，寻找到了被尊重的感觉，愿意为尊重自己的人更加努力，所以生产效率得到了提高。可

见，沟通是由尊重演变而来的。

这里就不得不提到著名的"马斯洛需求层次理论"。

马斯洛需求层次理论是人本主义科学的理论之一，由美国心理学家亚伯拉罕·马斯洛于 1943 年在《人类激励理论》论文中提出。书中将人类需求像阶梯一样从低到高按层次分为五种，分别是生理需求、安全需求、社交需求、尊重需求和自我实现需求。

人人都希望自己有稳定的社会地位，要求个人的能力和成就得到社会尊重。尊重的需要又可分为内部尊重和外部尊重。内部尊重是指一个人希望在各种不同情境中有实力、能胜任、充满信心、能独立自主。总之，内部尊重就是人的自尊。外部尊重是指一个人希望有地位、有威信，受到别人的尊重、信赖和高度评价。马斯洛认为，尊重需要得到满足，能使人对自己充满信心，对社会满腔热情，体验到自己活着的价值。

因此，尊重他人，不仅表现在语言和神态上，还在于对他人的态度。最感人的尊重，就是对他人的欣赏和赞美。每个人都渴望得到别人的理解和赞赏。因此，用赞美来让他人获得满足感，便是最好的尊重。

二、赞美的方式和角度

（一）赞美的态度要真诚

真诚的赞美与阿谀奉承的区别在于前者发自内心，后者发自唇齿。为了赞美而赞美的话，赞美就会变成奉承或者拍马屁。虚伪的赞美不会得到他人的认可，还有可能引起他人的反感与厌恶。因此，学会真诚地赞美别人是非常重要的。那么，怎样才能让别人感到真诚呢？首先你对他人的赞扬一定是发自内心的，比如你确实欣赏他、想赞美他，这时，你只要说出你的心里话就可以了，最打动人心、最让人难以忘怀的就是心里话。真诚的赞美应该是恰如其分的。

郭先生马上要出国了，听说外国人都喜欢听别人的赞美，尤其是女性。到了美国，一次他去超市，准备买点好吃的。因为英文一般的关系，有些单词不是很理解它的意思，怕买错。这时，旁边正好路过一名胖胖的女士，他便习惯性地说："女士，您真的好漂亮啊！"谁知，这名女士瞪着他说道："你是不是离家太久了？"便匆匆离去，留下一脸愕然的郭先生站在原地。可见，赞美是为了向对方表达一种肯定和欣赏，但是赞美不恰当的话，会让人感到反感。

因此，要赞美对方的优点，这个优点一定要是事实，这样更容易让对方接受。比如，你碰到了一位非常有学识的人，并有幸与他进行了交谈，在结束的时候你可以说："听君一席话，胜读十年书，今天与您的交谈让我受益匪浅，真希望还能有机会再次拜会您。"

(二) 赞美的内容要具体

很多人在赞美别人的时候喜欢说你很帅或者很漂亮之类的，这些赞美的语言已经不是时下流行的赞美语言了，再说这样的话就有些恭维甚至拍马屁了。我们需要将赞美由整体到局部，赞美其某一个部分，比如皮肤很白，化妆化得很好，头发很柔顺，耳环很漂亮，服装搭配相当好，很有活力，等等。从头发到眉毛、眼睛、鼻子、嘴巴、耳朵、脖子、眼镜、耳环、项链、胖瘦、腰围、肩宽、胳膊长度、手掌、指甲、大腿、鞋子、手机、手链、包、领带、手表、戒指等，都可以作为赞美的点。

如果一个人的优点很突出，可能很多人都赞美过了，那么你的赞美可能作用就不会有那么大了，但是如果你能发现他一些不为人知的优点，然后巧妙地加以赞美，势必能取得更好的沟通效果。

汤姆是一个非常善于赞美他人的人，主要是因为他善于在沟通时观察对方。有一次，他跟一个朋友交谈，这个朋友是一名女士，生意做得很大，平时给人的印象也是女强人的形象。这天汤姆的衣服上沾上了一点污渍，汤姆并没有注意到。这名女性朋友委婉地指了出来，并拿出包里的快速除污剂，让汤姆赶紧去卫生间处理一下。汤姆回来以后对女士表示了感谢并说道："没想到您这么细心，从您的身上我又发现了传统女性的细心与温婉，真的非常感谢您的及时帮助。"这名女性朋友很少听到这样的赞美之词，心里非常高兴。

(三) 适当运用间接赞美的技巧

间接赞美是指借第三方的话来赞美对方。比如，你到领导办公室去汇报工作，看见他的办公桌上放着孩子的照片。可以依此判断他是一个非常重视家庭、重视与子女关系的人。因此你可以说："上次听某某说您儿子除了成绩好之外，钢琴还弹得特别好，真是虎父无犬子，跟您一样的优秀！我要多多向你讨教讨教培养小孩的良方啊。"这就是借着赞美小孩的话，把他父亲也一并赞美了。

还有一种是在对方不在场的情况下，向第三方说出赞美对方的话，可能会达到意想不到的效果。

小周是一名地铁站的安检人员。一次，同事小李在吃饭的时候跟他说："上次，主管领导跟我说，我们这里，最负责、最勤快的就是你了，要我们多多向你学习，要不然有晋升机会的时候，可就没法追上你了！"小周听了心里暗下决心："一定要比之前工作更加认真努力！"无形中，领导的话由第三方转述出来，效果比直接的赞美更好。

三、赞美的技巧

（一）逢物加价，逢人减岁

这是针对人们的普遍心理而采用的两种赞美技巧。在销售的过程中，一般人都会想用便宜的价格买到好东西。例如，你买个包实际花了1000元，但是质量很好。对方在欣赏你包的同时，询问你的价格，问你是不是3000元买的。此时，你会特别有成就感。

逢人减岁特别适用于女性。成年人往往都喜欢别人猜测的年龄比实际年龄要小。但是要特别注意尺度的把握，过犹不及。

（二）赞美要及时

赞美是有及时性的。要在第一时间发出赞美。有时人更需要的是雪中送炭而非锦上添花。

（三）生人看特征，熟人看变化

是指在对陌生人进行赞美时，一定要仔细观察，赞美的也是对方的突出特点，这样不容易造成失误。熟悉的朋友则需要观察对方是否有变化，并对其进行赞美。比如，一个很胖的女孩，半年后再见已经减肥成功，身材苗条，那么你赞美她身材变好、有毅力、变漂亮，她肯定会欣然接受的。

（四）发现优点而不是发明优点

对方的优点一定是事实，而不是你现编的；否则，会给人一种虚伪的感觉，会觉得你是个马屁精，也难以达到你的本来目的。

四、电话礼仪

有一天，一进办公室就看见隔壁桌的小钱在那里假装信号弱，听不清电话。等她结束通话了，我去问她："小钱，改修艺术表演系啦？这是演的哪一出啊？"小钱愁眉苦脸地向我诉苦："娜姐，这个丁主任，我都怕他了，一看见他的电话，我都头疼。""你说的丁主任不会是你负责项目的客户方负责人吧？""哎，要是别人，我压根就不接了，只有他的电话，我连不喜欢都不能表现出来。可是，我实在是受不了，这个人实在是太婆婆妈妈了，就要个资质文件，他能跟你从老婆聊到孩子，能从特朗普讲到潇湘八景，能从萨德讲到柬埔寨教育，最后，半个小时过去了，我才知道，原来他是打电话要个资质文件的。一分钟的事情，他能说半个小时，你说这电话让我怎么接？"这里的丁主任就没有遵循金字塔形的陈述方式。如果他能遵守必要的通话礼节，能够表达清晰、言简意赅地讲出诉求，也就不会有这样的待遇了！

电话和手机的应用不知不觉中改变了人们的沟通方式，电话和手机不仅成为了人们日常沟通的方式，更在商务沟通过程中起着举足轻重的作用。人们可以通过电话和手机让客户或者商务合作伙伴、同事，感受到对对方的尊重与良好的自我修养。

电话礼仪直接与电话形象密切相关。不论是打电话还是接电话，都必须以礼待人、克己敬人。假如在使用电话的过程中不讲究礼貌、先敬于人，无形之中将会使自己的人际关系受到损害。

电话的使用有主动地拨打电话与被动地接听电话之分。从礼仪方面来讲，拨打电话与接听电话时有着各自不同的标准做法。

拨打电话时，对一个人的电话形象影响最大的当首推他自己的语言与声调。从总体上讲，应当简洁明了、文明礼貌。通话时，声音应当清晰而柔和，吐字应当准确，句子尽量简短，语速应当适中，语气应当亲切、和谐、自然。

有一点务必请注意，接打电话时，嘴部与话筒之间应保持3厘米左右的距离。这样的话，对方接听电话时，才能听得最清晰。

（一）拨打电话礼仪规范

如果我们右手写字，是不是左手拿话筒会比较方便？这样右手不仅可以写字，还可以操控键盘，反之亦然。

1. 拨打电话前准备提纲

为了表示对对方的重视与尊重，拨打电话前要先列出提纲，内容有通话对象的姓名、单位、电话号码、约定的去电时间、通话要点等内容。这样能够保证通话时条理清晰、内容精练、重点突出、时间简短，让对方充分感受到你的尊重与敬业。

2. 接通电话时，需要一个得体的开场白

也就是要说的第一句话，每个人开口所讲的第一句话，都事关自己给对方的第一印象，所以应当慎之又慎。准确适当的开场白是先问候对方（如您好），再介绍自己（如我是湖南建筑高级技工学校培训部的朱娜），最后报出要找的人（请问这里是长沙水业集团培训中心吗？我想请李部长接下电话，谢谢）。当然，在一般性人际交往中，问候之后，报出自己与要找的人的姓名即可。

3. 在开场白之后，应立即向对方讲明白自己打电话的目的

借助事前准备的内容提纲，迅速进入正题，采取金字塔形的陈述方式，最重要的事情最先说，不要绕圈子，不要聊无关话题。

4. 记录有效信息

当对方告诉重要信息的时候，需要向对方确认自己听到的信息是否准确、齐全，并将信息记录下来，以防自己遗漏了什么信息。一般而言，确认的关键信息主要有时间、地点、通话要点、电话号码等。例如"李部长，耽误您一点宝贵的时间，我再跟您确认一下，钳工开班仪式时间由原定的9月6日9点更改为9月9日9点。地点是建筑技校三楼会议室。与会的领导中，排水公司总经理因故不能参加，由杨副总经理代为出席，是这样吗？好，稍后会将修改后的会议流程发到您邮箱，请您注意查收。谢谢。"

5. 道别挂断

通话结束时，别忘了向对方道一声"再见"，或是"早安""晚安"。如果自己有事不宜长谈，需要中止通话，应说明原因，告知对方："2分钟后，我有个视频会议，我们有机会再聊。"中止电话时应恭候对方先挂电话，不宜"越位"抢先；一般来说，上下级或长辈与晚辈之间通话时，按照礼仪应由上级或长辈先挂断电话。例如，在与老师打电话时一般可以说："袁教授，谢谢您今天给我的鼓励，谢谢您今天跟我聊了这么多，让我学到了很多知识，再次谢谢您，那么再见了！"等对方挂断电话后就可以挂电话了。如果是同事或者朋友之间打电话，一般是主叫先挂断电话，不可只管自己讲完就挂断电话。有些人就经常自顾自挂断电话，或着急地挂断还没有结束的电话。礼貌的做法应该是要问："请问还有什么事情要说明吗?"不要想当然地以为通话结束了,当然骚扰电话除外。而且挂断电话时,一定要轻轻放下。

6. 做好相关记录

对于一些重要的电话,最好在挂断电话之后整理一下记录的主要内容,便于安排工作和日后查阅。

(二) 接听电话礼仪规范

有效倾听在接听电话礼仪中尤为重要,礼仪不是目的,目的是沟通,达成沟通的有效手段是有效倾听。

接听电话成功的第一步就是要学会倾听,认真倾听的主要目的就是要发现对方的需求以及真正理解对方所讲内容的含义。因此,在接听电话礼仪中需要做到以下5点:及时确认、适时回应对方、不要打断对方、防止思绪偏离、注意关键词语。

1. 及时确认

在电话沟通中,完全凭听觉获得信息,因此对于一些重要的信息,如电话号码、邮箱地址、姓名等一定要逐字确认。如果在打电话的过程中没有及时确认这些重要信息,等挂断电话后发现对方的联系方式记错了,就很有可能和对方失去联系,麻烦就大了。首先客户会认为你非常不专业,另外记错信息本身就很失礼!对方内心的潜台词也许就是,这么简单的事情你都能记错,显然没有把我的话放在心上,不够重视我,那么在以后的合作中也不会顺利。

2. 适时回应对方

听对方讲话时不能沉默,否则很容易引起误解,回应对方就是向对方表示对他所讲信息的关心。可以不时地用"嗯""哦""真好""很有意思"等来表达共鸣。

3. 不要打断对方

因为打断对方,不仅会让对方的感情受到伤害,更重要的是,这样可能会忽略或不能更好地理解重要信息,造成不利影响。

4. 防止思绪偏离

思绪发生偏离是影响有效倾听的一个普遍问题。因为大多人理解意思时的接受速度是讲话速度的4倍。有时一个人一句话还未说完,但听者已经明白他讲话的内容是什么,这样就容易导致听者在对方讲话时思绪发生偏离,思绪发生偏离可能会导致无法跟上对方的思想,而忽略了其中潜在的信息。因此，需要很强的自我约束能力，以避免精神涣散、注意力不集中。

5. 注意关键词语

因为探讨关键词语可以帮助拨打电话者抓住电话内容沟通的核心，优秀的倾听者会利用快速思考来处理所听到的信息，找出其中的关键词语，以确定说话者的中心主题或主要论点，而不会花心思在辅助性的细节上。

总之，把握上述五点接听电话礼仪，可以帮助大家更好地理解对方。根据"73855定律"，沟通信息的组成中，语言内容仅仅占7%；因为打电话损失了55%的真实信息，所以打电话时除了要得体、礼貌外，也要注意信息交流的有效性及效率，从而达成有效的电话沟通。

💬 延伸阅读

[1] 胡锐,边一民.现代礼仪教程[M].杭州:浙江大学出版社,2004.

[2] 袁涤非.现代礼仪[M].北京:经济管理出版社,2014.

[3] 翟文明,夏志强,春之霖,等.社交与礼仪全知道[M].北京:中国华侨出版社,2015.

🖵 视频链接

《盖章》。https://v.qq.com/x/cover/v2xvypw1fcvjna3/n0123yupyd8.html。

第四章

主要服务行业礼仪规范（一）

随着服务业的迅速发展，服务领域不断扩展，服务内容不断丰富，服务对象日趋多样化，对从事服务业的从业人员也提出了更高要求。只有将客户放在第一位，最大限度地满足客户需求，为其提供个性化、规范化的服务，才能赢得市场。本章从餐饮、宾馆等较为普遍的行业出发，阐释了服务礼仪的具体要求。

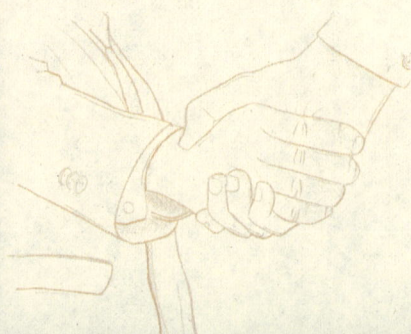

第一节　餐饮行业服务礼仪规范

💬 案例导入

　　一天，一个由 32 位台湾老人组成的旅游团来到某高级饭店，要求尝一尝地道的家乡菜。可是，饭店管理人员并不知道他们到底要吃哪儿的菜，喜欢什么口味，有什么特殊要求，等等。于是，饭店经理一连打了十几个电话，终于了解到这批台湾老人入住的酒店，通过与那家酒店联系，通过传真要到这些客人在这个城市所有用过餐的菜单，掌握了许多非常有价值的信息。

　　饭店经理了解到这些客人都是从浙江宁波去台湾的。当服务员为客人们送上一桌地道的宁波菜时，老人们仿佛孩童一般地欢呼起来。不一会儿，这些菜就被一扫而光，老人们非常满意。他们说，这是他们到大陆后吃到的最香、最满意、最开心的一顿饭，并向饭店表示诚挚的感谢。

　　真正超值的服务并不是简单地满足顾客的要求，而是在满足他们要求的同时给他们意外的惊喜。台湾老人团要求吃家乡菜，估计很多人以为是台湾菜，但是这个饭店的经理通过了解调查发现他们是从宁波去台湾的，家乡自然就是宁波。所以才有最后的感谢。

一、餐饮行业服务流程礼仪

　　餐饮服务流程主要由迎宾接待服务、值台服务、账台服务、走菜服务等环节构成。各岗位的服务人员只有掌握好各自的服务技能，密切配合，才能为就餐者提供优质服务。

（一）准备工作

　　正式营业前的准备工作能充分保证整个服务工作的顺利进行，也彰显着餐厅的服务水平和管理水平。若准备不到位，将会导致服务环节脱节，降低服务水准。

1. 卫生工作

在准备工作中，卫生工作是最为重要的一个环节，包括餐厅环境卫生和服务员个人卫生。服务人员需提前到岗，保证充足的时间完成卫生清洁工作。包括将地面清扫干净、擦拭门窗玻璃和桌椅等，若有污迹缺损，则需立刻处理或更换。

餐饮从业人员的个人卫生要求较为严格。日常卫生要求勤洗澡、理发、修剪指甲，男服务员需每日剃须。上岗前不得吃葱、蒜等有异味的食物。在完成餐厅卫生后，将个人卫生再整理一遍，洗手、梳理头发，整理好服装、鞋帽等，以饱满的精神等待客人的到来。

餐饮从业人员检查杯子是否洁净

2. 摆台

摆台是指为客人就餐布置台面、摆设餐具以及安排席位等系列工作。要求既方便客人享用美食，又使餐厅整体美观，营造一个舒适的就餐环境。

摆台示例（1）

摆台示例（2）

中餐一般使用圆桌和方桌两种餐桌，其中又以圆桌居多，就餐前均需要铺设台布，以表示卫生和庄重，台布以纯棉织物最为讲究。要求铺平、铺正，中间折缝对准主位，四角均匀并盖住桌腿。多桌宴会要求各桌的台布花色、尺码一致，但需与主桌区别开来。档次较高的还应再围好桌裙，并将其固定住，要求折纹均匀、高低一致。除铺台布外，现在大多餐厅还在圆餐桌台面上摆放玻璃转台，通常由 8 ~ 10 毫米厚的钢化玻璃制成，玻璃转台面应保持清洁，无指纹、无污染、旋转方便。

3. 摆放餐具

中餐的餐具根据餐席的规格有不同的要求。一般散座零餐，摆放餐碟、汤匙、筷子、水杯即可。宴会摆台则一般为八件，即餐碟、汤碗、汤匙、筷子、筷架、三种酒杯。摆放餐具操作时，用左手托盘，右手摆餐具，要求动作轻快、有条不紊，要特别注意卫生，不要用手接触餐具的内里或酒具的上端和入口处。无论宴席档次高低，摆放餐具都要求做到无水、无油腻、无指纹、无破损（发现破损后立即更换），光亮配套，数量充足，间距相等，整齐美观。

4. 了解其他情况

正式营业前，餐厅服务人员还需了解有关情况，如预定餐位情况，餐厅今日可供菜肴的品种，时令菜品的供应、增减，菜品、饮料的价格调整等。

（二）接待服务礼仪

餐饮接待服务是指从宾客进入餐厅到用餐完毕、离开餐厅的全过程，主要有迎宾服务、席间服务等几个环节，每个环节又由若干程序组成。

1. 迎宾入厅

迎宾入厅工作由门卫礼仪服务人员和引领服务人员共同完成。服务人员应在正式营业前了解本店的概况和当天客人的预约情况。做好仪容、仪表和精神准备，营业前站在餐厅门口两侧或店面里面，便于环顾四周位置，等待迎接客人。

当宾客走向餐厅约 1.5 米处，应面带笑容，拉门迎客。宾客来到时，领台员要热情迎上前并致以亲切的问候："欢迎！请问一共几位？""您好，请问，您预订过吗？"微笑时表情要自然，和蔼可亲。如果是男女宾客一起进来，则要先问候女宾，后问候男宾。见到年老体弱的宾客，要主动上前搀扶，悉心照料。如遇雨天，应主动收放客人的雨具。问候时上半身略向前倾，双目正视宾客的鼻眼三角区，切忌左顾右盼、心不在焉，说话和眼神不一致是对宾客不尊重的一种表现。

2. 引客入座

服务员横排对称站立餐厅门口的两侧，热情问候，并将客人引领到预订的桌位前，对没有订座的客人，应代为安排餐桌。对于不同的客人，应领到不同的位置。重要宾客光临时，要把他们引领到本餐厅最好的位置上。夫妇、情侣前来就餐，要把他们引领到角落处安静的餐桌入座，便于他们说悄悄话。服饰华丽、容貌漂亮的女宾到来时，要把她引领到使众宾客均能看到的显眼位置上，这样既可满足宾客心理上的需要，又可使餐厅增添华贵气氛。对于全家或亲朋好友前来聚餐的宾客，可引领到餐厅中央的餐桌就餐。年老体弱的宾客来用餐，应尽可能安排在路线较短并出入较为方便的地方。对于有明显生理缺陷的宾客，要注意考虑安排在适当的位置，以能遮掩生理缺陷为妥。通过窗户能看风景的座位，如果有些宾客想坐但已经有人占用了，领台应做解释、致歉，然后引领到其他满意的座位上去。靠近厨房出入口的座位，往往不受宾客欢迎，对那些实在无奈安排在这张餐桌上就餐的宾客要多说几句抱歉的话。在用餐高峰期，餐厅内暂无空位、出现客人需要等位的情况，应引领客人至休息处，并另设椅子让客人稍作休息，同时表示歉意。在有空座后，需按照客人到店顺序安排就餐。

宾客走近餐桌时，服务员应以轻捷的动作，用双手拉开座椅，招呼宾客就座。待宾客入座的同时，轻轻地推上座椅，使宾客坐好、坐稳。推椅动作要适度，注意与宾客的默契配合。将盛有小毛巾的碟子和注入茶水的杯子用托盘送上，依次分给客人。分小毛巾要用夹子递给宾客，并礼貌地招呼客人："先生，请！"以便引起宾客注意。递茶给宾客时，切忌手指接触茶杯杯口，使用玻璃水杯时，要尽量先套上杯托，以免客人烫着，方便客人饮用。

3. 恭请点菜

服务员要随时注意宾客要菜单的示意，适时主动地递上菜单。菜单应送给坐在主人位置的宾客，菜单要干净无污。记录客人点菜时，服务员应站立在客人的左侧，注意站立的位置和站姿，身体不能紧靠餐桌，手不能按在餐桌上，上身略微前倾，精神集中地聆听。递送菜单时必须态度恭敬，切不可随意把菜单往宾客手中一塞或扔在餐桌上一走了之，这是极不礼貌的行为。认真、准确地记录宾客点的每一道菜和饮料，复述一遍，杜绝差错，以免引起宾客的不愉快。

当遇到客人不能决定吃啥菜品时，可当好客人的参谋，热情推荐本餐厅的名菜、特色菜，但需注意说话的方式和语气，察言观色，以充分尊重客人的意愿。如遇宾客所点的菜已无货供应，服务员应礼貌致歉，求得宾客谅解。如宾客点出菜单上没有列出的菜肴，应尽量设法满足，不可一口回绝，可以说"请允许我马上与厨师长商量一下，尽量满足您的要求"等。当客人点完菜后，还应主动征询客人需要什么酒水饮料，再礼貌地复述一遍，得到确认后，迅速将菜单送至厨房，尽量减少客人等候的时间。

为用餐客人点菜

4. 席间服务

客人点菜完毕，服务员将菜单传至厨房，并送上酒水，此时应先整理台面，移妥桌上餐具，如将花瓶撤下，为每一个客人除去筷套，将餐巾从杯中取出为客人铺好，然后开始斟酒上菜。这时需遵守的原则是：所有菜肴食物都应从客人左边用右手送上；所有酒类、饮料都应从客人右边用右手送上；所有用过的餐具都从客人右边撤下；先撤盘，后上菜。一般是先将菜送上餐桌，让宾客欣赏一下菜肴，同时报上菜名。

（1）上菜。上菜是由餐厅服务员将烹制好的菜品送上餐桌，一般由传菜服务员用托盘端至台面，值台服务员再将其端至餐桌上。这是每个餐厅服务员必须掌握的基础技能之一，是为客人进餐提供服务的重要环节。它既是一个技术活，又涉及传统习俗和礼貌礼节等事宜。

中餐上菜的一般程序是先上冷盘以佐酒，当酒喝至两三成时，开始上热菜。第一道热菜均为餐席的主题菜，也是宴席中最为名贵的菜。主题菜上完后，再依次上炒菜、大菜、汤、点心、甜点，最后是水果。这只是上菜的一般顺序，各类不同的宴席或许有不同的地方，需根据实际情况予以调整。例如，上甜点的时间，各地风俗不尽相同，有的在宴席开始前上，有的则在收尾时上；有些地方在上鱼时，不能是头盘，因谐音"出愚"。同时要注意一些特殊菜品的不同出菜方法。例如，上火锅时，汤汁不宜过满，以防溢出；焦溜糖醋类菜出品后，应尽快上桌，并关照客人即刻食用，以免失了焦脆口味。

要讲究效率，节约客人时间，一般来说点菜后 10 分钟内凉菜要摆上台，热菜不超过20分钟。在端菜上台时，需介绍菜名和特色，说话时切不可唾沫四溅。上热餐用热盘，上冷餐用冷盘。端菜的姿态要求既稳又美，具体要求是五指和手掌托起，托盘不宜过高或过低。托盘边太靠近耳及头发都是不雅的，重托时可用另一只手扶托盘。不可用手接触任何食物，手指不能触碰盘口或浸入菜内。菜要从宾客的左边上，以免影响来宾用餐。主人或客人祝酒或发表讲话时，应停止上菜，但需及时斟酒。

（2）摆菜。摆菜是紧接上菜之后，将餐食摆在桌上，以供食用。既要讲究造型艺术，又要注意礼仪礼节，并方便食用。

头菜和汤菜一般放置在桌子中间，再从中间往四周摆放其他菜肴。较为高级的菜或有特殊风味的菜需先放置在主宾位置，各菜之间需间距相等，同时荤菜素菜错开摆放。每上一道菜，都需对桌上菜肴重新进行位置调整。摆菜时需将菜肴的观赏面正对主人、主宾，供其观赏。菜肴较多时，注意盘边不能互压，更不能叠放，盘与盘之间留有一定空隙。

分菜时应注意：一是将菜肴的优质部位分给主宾和主要宾客；二是掌握数量，分派均匀，不要一次将菜肴全部分光，一般每道要剩余百分之二十左右，以示宽余并备客人再添，也有的一次分完以示节俭；三是做到邻座一个样，先分后分一个样，这就要求一勺准、一叉准，并注意切勿将一勺汤或一叉菜分给两名宾客。此外，要注意分整鱼时，应用刀先将鱼骨剔除，并要保持鱼的原形，待鱼汁浸入鱼肉后，再将鱼肉切开分派；分整鸡、整鸭时，应将腿肉和脯肉切扒成若干均匀的块后再分派，头、尾、翅一般不分。

随着餐饮业的发展，服务人员给宾客分菜不仅出现在高级宴会上，很多普通宴席也由服务员分菜。鱼类禽类的分菜工具一般为一把刀、叉或勺，汤、羹则用汤勺，分菜的顺序先主宾、再来宾，逐一分派。

（3）斟酒。斟酒要严格按照规格和操作程序进行。斟酒时，瓶口对准杯口，但不可将瓶口放在杯口上，离杯口1~2厘米，缓缓注入，然后随手腕向上旋转45°后瓶口抬起。斟酒的浅满程度，要根据各类酒的要求和接待对象的不同而定。斟酒的顺序一

为客人斟酒

般要先主宾再客人，然后按顺时针方向逐个斟。在客人就餐过程中，要随时注意每个客人的酒杯和水杯，见杯内酒水还剩 1/3 时，就应及时添加。宴会中斟酒水时，应向宾客示意，征求宾客意见，由宾客决定选用哪一种，服务员不可自作主张。倒香槟酒或其他冰镇酒类，要用餐巾包好酒瓶再倒，以免酒水滴落到宾客身上。

（4）撤换盘。撤换盘需先征求客人的意见，得到同意后方可进行，不可自作主张。撤餐具时应按逆时针方向进行，从宾客的右侧用右手将盘子撤下。

（5）席间礼仪。在客人用餐的整个过程中，服务员应始终站立在一旁，随时准备应答客人的招呼。掉在地上的用具均需更换，应先送上清洁的餐具，然后拿走弄脏的餐具。如果汤菜不小心洒在同性客人的身上，可亲自为其擦净；若洒在异性客人的身上，则只可递上毛巾，并表示歉意。对客人提出的各种要求，均尽量满足，不得置之不理，不得厌烦，不得流露出不满的情绪。餐毕的清扫工作，应等宾客全部离去后进行，除非是应宾客本人要求，不可操之过急。服务员值台时应不断地巡视观察，同时把客人用完的餐碟、菜盘、烟缸以及一切用不着或暂时不用的餐具、用具从餐桌上撤下，并根据需要换上干净的餐具和用具。撤换时从客人的左边操作，并说"对不起，可以撤下吗"，动作要轻、稳、文雅，不可以影响客人用餐、敬酒等。

若有儿童用餐，应放置儿童椅方便儿童就餐。对于不习惯用筷子的外宾，要及时换上刀、叉、匙等西式餐具。对各类宾客要一视同仁，根据年龄及性别先服务女士，但主人或女主人应留在最后才服务。

在餐厅中不可提高嗓音，不可用手触摸头脸或将手置于口袋中。不可斜靠墙或服务台，服务时不可背对客人，不可跑步或行动迟缓，行走中不可突然转身或停顿。服务时应避免与客人谈话，如果不得不说，则应将脸转移，避免正对食物，除非遇到不可避免的情况，否则不可碰触客人。不可在工作区域内抽烟，不得吃喝东西、嚼口香糖。不得在工作区域内照镜子，或梳头发、化妆。

（三）餐后服务

1. 结账收款

服务员在为客人上完最后一道菜后，即应开始做好结账的准备，以备客人随时算账付款，要算出菜金，清点所用酒水及其他用品，列好清单。账单要项目清楚，计算准确。结算时，不要直接用手把账单送到宾客面前，而应把账单放在垫有小方巾的托盘内，送到宾客面前。为了表示尊重和礼貌，放在托盘内的账单要正面朝下递给主人，不要让其他来宾知道餐费数目，收款后找零仍然如此。主人在餐位上结账，一般不唱收唱付，收款后要道谢。如果主人对账目有疑问，可请其离位到账台商讨。结账时如果主人与来宾争让，收款要收主人的，否则会造成宾主不和。

2. 礼貌送客

客人用餐完毕，起身欲离时，服务员应主动上前为宾客拉开座椅，方便其行走，同时可说"您吃好了吗？请慢走"。并及时准确地递上衣帽，热情地帮助穿戴。此时还需提醒客人不要忘记随身携带物品，特别注意观察餐桌上有无客人遗留的手机、打火机、香烟等。在客人离开餐厅之前，不可收拾撤台。

要有礼貌地将客人送到餐厅门口，主动话别，可说："再见，欢迎您再次光临。"并做出送别的手势，对附近的客人可鞠躬、握手告别，远处的可点头致意，微笑目送宾客离去。

客人乘车，要提前通知司机将车辆驶抵大门口，主动上前打开车门，待客人上车后，替客人关好车门，站立一侧，并挥手告别，目视车子离去后方可离开。

（四）中餐宴会的服务

1. 宴会前准备

客人抵达前要整理好自己的仪容、仪表。制服要整齐笔挺，仪容要端庄大方，精神饱满，表现出良好的精神状态。若是重要宴席，服务人员要戴白手套。

宾客到前，准备好茶叶、开水等。各类进餐用具应放在规定的位置，有条不紊，不得乱放。保持厅容的整齐、清洁、美观。

根据宴会单的要求备好酒和饮品，酒瓶要擦干净。饮品要冷藏，香槟酒也要冷藏，白葡萄酒等要用冰桶盛装，白兰地、威士忌酒等要准备冰块备用。宴会开始前的15分钟上围碟，放在转台上的围碟，要注意荤素、色彩均衡对称，围碟间距与围碟到桌边的距离要相等。如有凉菜，则放在围碟中央，造型正面向着主人位。宴会开始前10分钟倒酒，倒酒应在席位右边进行，一般倒入八分满。倒完一杯酒后应将瓶口转动一下，使酒不会滴下来，然后用餐巾将瓶口擦一下，再倒下一杯。

　　客人到齐后，要引客人入座。客人入席后，要送上香巾供客人使用。接着，服务人员将适量的啤酒、矿泉水、果汁等饮料放在盘上，托至宴会桌边，供客人选择。客人选定后，将饮料倒入客人的水杯中，然后征求宾客上菜时间。

为宴会准备酒水

2. 上菜程序

　　在宴会中，每种菜肴的上席是有一定程序的。其原则是先冷后热，先炒后烧，先咸后甜，先清淡后味浓。上菜应从坐在男主人右边的女宾开

上菜图片

始。在斟酒、派菜、分汤时，均按宾客的主次顺序进行。新上的菜要放在主宾面前。每上一道新菜要介绍菜名和风味特色。

　　将菜肴给客人观赏和介绍后，应将菜撤到服务台分菜。上菜前要按每席宴客人数先将碟盘整齐地摆在服务台上，然后分菜。分菜要按分量和件数均匀分配。分菜时要先分主宾，继而按顺时针方向分给其他宾客。若有女宾，应先分女宾，后分男宾。

　　所有菜及主食上完后，在上甜食前，服务人员要将用过的餐具全部撤掉，只留水杯及酒杯于台面，并换上新餐具及水果叉。待客人用完甜食后，服务人员要为客人换上一条新毛巾并送上茶水。

3. 酒水服务

　　斟酒时，服务人员应站在来宾的身后右侧，右脚向前，侧身而进，右手拿酒瓶斟酒，酒瓶的商标面向来宾，瓶口离杯1~2厘米，斟至八分满即可。

　　在只有一个服务人员斟酒时，应从主宾开始，接下来是主人，然后顺时针方向进行。在有两个服务人员为同一桌来宾斟酒时，一个从主宾开始，另一个为副主宾斟好酒后，再按顺时针方向进行。

当客人起立干杯或敬酒时，应迅速拿起酒瓶跟着客人准备添酒，客人要斟满酒杯时，应斟满酒杯。宾客离开座位去敬酒时，要将客人的席巾叠好放在客人的筷子旁边，席巾折成好看的图形。在宴会中，服务人员要随时注意每位来宾的酒杯，见喝剩 1/3 时，应及时添加。宴会期间要及时为客人添加饮料、酒水，直至客人示意不要为止（如酒水用完，应征询主人意见是否需要添加）。

4. 席间服务

重要的宴会要求每道菜换一次碟盘，换碟时碟中若有未吃完的食物，需先征求客人意见，客人同意才换，不同意可将干净碟子放在客人位的右边，将新上的菜分到新碟上，旧碟食物吃完即取走，并将新碟移往宾客座位。

除了正常换餐具外，还要灵活招呼。服务过程要勤巡视，细心观察宾客的表情动作、示意等，主动服务，态度要和蔼，语言要亲切，动作要敏捷，取放餐具要轻拿轻放，右手操作时左手要自然弯曲放在背后，暂停工作时要站在一边与餐台保持一定的距离，站立要端正，精神要专注。宴会中如有即兴表演等活动，或临时增加服务项目，服务人员要及时与厨房或其他有关部门取得联系，尽量做到使客人满意。

5. 宴会结束

上菜完毕后，清点所有用过的酒水、香烟、鲜花、水果，若有工作餐，再加上工作餐费，累计总数作为客人结账根据。结账时若是付现金的可收现金，若是刷卡或签账的，要将账单交给客人签名后拿给收款员核实。

宴会在主人与主宾吃完水果后起立时，即告结束。这时服务人员应将主宾等的座椅向后移动，以便宾客离座，或留下抽烟，或进入休息厅休息，并为客人上茶或咖啡。在主宾告辞时，主人应送至门口，并热情话别。服务人员则应微笑目送，或送宾客至餐厅门口。在主宾离去后，饭店迎宾人员应按序与其他宾客告别。

（五）西餐服务流程礼仪

1. 西餐服务

西餐服务由来已久，已经形成一定规范。其服务礼仪与中餐有较多类似之处，但其更为讲究菜品的上菜次序，若次序颠倒，会影响食物的口感，从而影响客人的就餐体验，降低服务质量。

西餐宴席的菜点，由于标准和要求的不同，道数有多有少，花色种类也不样。下面是西餐一般上菜顺序和方法。

（1）上面包、沙拉。将热的小面包装在小方盘内，盖上清洁的口布，另用小盘装上与客数相等的沙拉，在开席前5分钟左右端上。沙拉放在起司盘右上角，面包放在盘子中间，用口布盖住面包，沙拉刀移到沙拉盘上。

西餐服务姿态

（2）上果盘（又称冷盘）或上海味盘、水果杯等。果盘是一盘有多种美味的冷菜，应端到来宾左侧，由来宾自己选取。如果是吃水果杯，将水果杯放在座位前的点心盘内，将茶匙放在盘内。这些工作必须在来宾进入餐厅之前做好。

（3）上汤。西餐的汤分清汤和浓汤两种，清汤又分冷清汤和热清汤。汤需盛于汤斗内，端上出菜台分派。清汤的盛器是带有两耳的清汤杯，浓汤用汤盘。夏季多用冷清汤，需将清汤杯冰得很冷。清汤杯除已有清汤杯的底盘外，还应该再垫上点心盘作垫盘，将清汤匙放在汤杯的底盘内。浓汤需用热盘来盛，可以保持汤的美味。上汤要垫上底盘，手应握着底盘盘边，手指不可以触及汤汁。

（4）上鱼。鱼有多种，烹调方法也不相同。有些鱼菜要有酱，要配的酱已放在盘内，不必另上。

（5）上副菜。副菜一般称为小菜，具有量少、容易消化的特点。如红烩、白烩，烩面条、各种蛋。吃副菜用鱼盘和中刀叉。

（6）上主菜。主菜又称为大菜，配有几色蔬菜和卤汁。在上好主菜后，将蔬菜和卤汁随后端上。此外，还带有沙拉（即生菜），盛主菜应用大菜盘，盛沙拉应用半月形的生菜专用盘（如果没有生菜盘，可以用起司盘代替），放在菜盘前面。主菜上去时蔬菜和卤汁应随后端上，生菜盘也跟着递上，紧靠在主菜的前面。

（7）上点心。点心的种类很多，吃点心用的餐具也不同。如吃热的点心，一般用点心匙和中叉；吃烩水果这类的应摆上菜匙；吃冰淇淋，应将专用的冰淇淋匙放在底盘内同时端上去。

（8）上奶酪。奶酪又叫起司，一般由服务人员来服务，先用一只银盘垫上口布，摆上几种干酪和一副中刀叉，另一盘摆上一些面包或苏打饼干，送到来宾的左手边，任客人自己挑选。吃完奶酪，应收去桌上所有的餐具和酒杯，只留一只水杯（如来不及收，酒杯可暂时不收），并刷清桌面上的面包屑等。

（9）上水果。先放上水果盘、水果刀叉和洗手碗，将事先装好的果盘端上去；有的将水果盘作为点缀物事先摆上桌子，待上水果时仅摆上起司盘、洗手碗和水果刀叉即可。

2. 西餐席间服务

美式服务又称"盘子服务"，是一种快速的服务方式。

（1）布置餐桌。美式服务要把叠好的餐巾放在餐具的中间，或放在叉子左上边离桌子边2厘米的地方。分别用于晚餐和沙拉的两把叉子放在餐巾左边，餐刀、面包奶油刀、菜匙和汤匙按照使用的顺序放在餐巾的右边，沙拉碟子靠左放在叉子前面。

（2）基本规则。用左手从顾客的左边送上菜肴，用右手从顾客的右边送上饮料，所有用过的盘子从顾客的右边撤走。

（3）餐桌服务。除了礼貌地招呼顾客、让座、送上鸡尾酒和打开菜单外，服务人员还应注意以下几点：汤或餐前开胃菜要用托盘从厨房直接送到顾客面前。汤匙或开胃菜叉子既可放在垫盘的右边，也可放在餐具的右

餐桌布置

边。开胃菜之后要送上沙拉、面包和奶油。作为主菜的肉和蔬菜要在厨房装上盘直接送给顾客，如果点了咖啡的话，咖啡要和主菜一起上。顾客用完主菜后，要把甜点单送上。甜点也是直接送上，放在顾客的左边。要从右边添加咖啡。

（4）特色服务。美式服务快而经济，一个服务员可以招待几个客人，

由于服务过程毫不复杂，培训一个服务人员只需要很短的时间。

二、餐饮行业服务用语规范

餐厅服务的标准礼貌用语有很多种，常用的有如下几种。

（一）当客人进入餐厅时的礼貌用语

"先生（小姐）您好！欢迎光临。""中午（晚上）好，欢迎光临！""欢迎您来这里进（用）餐。""您好！请问您一共几位？请这里坐。"

"请问先生（小姐）有预订吗？是几号房间（几号桌）。"

"请跟我来。""请这边走。"

"先生（小姐），您坐这里可以吗？"

（二）请客人点菜时的礼貌用语

"请问先生（小姐），现在可以点菜了吗？""这是菜单，请您选择。"

"请问先生（小姐）喜欢用点什么酒水（饮料）？我们这里有……"

"请问先生（小姐）喜欢吃点什么？我们今天新推出……（我们的特色菜有……）"

"请问，先生还需要点什么？""您用些……好吗？"

（三）没有听清客人说的话时的礼貌用语

"对不起，我没听清您的话，您再说一遍好吗？"

（四）征询客人是否可以上菜时的礼貌用语

"请问先生现在可以上菜了吗？"

（五）餐中服务时的礼貌用语

"请问先生，我把这个菜换成小盘可以吗？""请问，可以撤掉这个盘子吗？"

"请问先生，上一个水果拼盘吗？我们这里的水果有……"

"您吃得好吗？""您觉得满意吗？""您还有别的事吗？"

（六）客人所点的餐上齐时的用语

"先生，您点的菜以上齐了，请品尝（请慢用）。"

（七）客人用完餐要结账时的礼貌用语

"现在可以为您结账吗？"

（八）客人提意见或建议时的礼貌用语

"感谢您的意见（建议），我们一定改正。"

"谢谢您的帮助!"

"谢谢您的提醒!"

（九）客人结完账离座时的礼貌用语

"先生（小姐）慢走，欢迎下次光临。"

"先生（小姐）再见。"

"请慢走!""请走好!"

"谢谢您的光临!"

（十）受到客人表扬时的礼貌用语

"谢谢您的鼓励，我们还会努力。"

（十一）因菜品耗时长，对客人表示道歉时的礼貌用语

"真对不起，这个菜需要时间，请您多等一会儿好吗?"

"对不起，让您久等了，这是××菜。"

"真是抱歉，耽误了您很长时间。"

（十二）菜品卖完，对客人解释的礼貌用语

"对不起，这个品种刚刚卖完，××菜和它的口味、用料基本相似，您可以品尝一下。"

（十三）上错菜时的礼貌用语

"对不起，我把您的菜上错了。"

（十四）客人投诉菜品里有异物时的礼貌用语

"实在对不起，我们重新为您做一份好吗?"

视频链接

周思敏，酒店餐饮服务礼仪。https://v.qq.com/x/page/w0526hp3bd4.html。

第二节　酒店行业服务礼仪规范

案例导入

　　4月16日晚10点，北京的天气依然阴冷而且下着雨，酒店门口有很多排队打车的店内外客人，我照例巡视到大堂门口，帮助维持堂外秩序。就在这时一位中年外国妇女抱着个五六岁的小男孩进入了我的视线，她排在队伍的最后方，眼里充满了无助，而怀中的小男孩则睡意正浓，看得出孩子穿的衣服明显不够抵御这阴冷的天气。我急忙走过去询问这位女士，问她是否需要帮助。她告诉我她不是酒店的住客，只是路过，要打车回金融街某酒店，但是等了很长时间还没有等到出租车，而时间很晚了，孩子也很累了，需要休息，尽管酒店已经尽了最大的努力联系出租公司，但等候出租车的人群队伍依然很长。听到这些后，我马上让这位女士进入大堂休息，告知她我可以马上按照酒店出车价格380元为她安排，客人欣然同意了。我与酒店司机班联系，把酒店的值班车辆调出，吩咐酒店客房员工拿来酒店的小毛毯为孩子搭好，此时车辆已经到达酒店正门，我马上引导客人上车，她坐在车里，一直挥手致谢。二十分钟后酒店司机来电话告诉我客人进到下榻酒店后没有下楼付车款，是不是要给客人打电话，我一看手表时间已经是晚上十点三十分了，就告知司机先回到酒店，不要再等了，回来后我把车费签单就是了。司机回来后询问我为什么自找麻烦呢？我告诉他服务的根本就是助人为乐，而雪中送炭往往是快乐的源泉。

　　第二天中午，我在酒店大堂照例巡视，忽然身后传来了熟悉的声音，回头一看，原来是昨天那位乘车的女士和丈夫还有孩子，他们是特地过来付车费和还给酒店毛毯的，并再三感谢我的帮助。我告知他们昨天的车费我已经签单减免，他们便立即拿出现金来酬谢我，但最终被我婉言谢绝了。我从她口中得知他们是从墨西哥到北京来玩，下一站是日本的东京。我赶忙问他们有没有联系好日本的酒店，他们告诉我还没有选好，我向他们推荐了东京的某酒店，他们接受了我的建议，并安排了接送机服务。我们互相交换了名片，客人惊喜地说你们酒店的服务真是太完美了。我想，用心极至，让客人能够充分感受到极富个性化和满意的服务，是每个金钥匙成员孜孜不倦的追求。

之后我给东京某酒店的礼宾部打去电话，让他们照顾好客人一家的行程，并安排加床在房间，同时带去我的祝福，这使我体会到金钥匙格言中所说的"在客人的惊喜中，找到富有乐趣的人生"的真正含义。

一、酒店行业服务流程礼仪

酒店礼仪贯穿接待服务的全过程，是衡量酒店服务质量的重要标志之一。而只有将具体礼仪落实到各部门、各岗位、各环节，才能最大限度地满足宾客的要求，提供优质服务。

（一）前厅服务礼仪

前厅服务礼仪是体现酒店服务质量的第一站，也是客人离开酒店的最后一站。能否为客人提供全过程、多方位的服务，是酒店前厅工作的重要内容。前厅主要工作包括客人迎送、入住登记、行李寄存、外币兑换等，主要由迎宾员、保安员和行李员等岗位人员共同完成。

某酒店前厅

对前厅服务人员的基本礼仪要求是站姿端正，眼睛平视，嘴微闭，面带笑容，双臂自然下垂或在体前交叉，右手放于左手上，保持随时向客人提供服务的状态。双手不插袋、不叉腰、不抱胸。男子站立时，双脚与肩同宽，身体不可东倒西歪。女士站立时，脚呈 V 字形，双膝和脚后跟靠紧。如看到客人出入，两脚可稍放松，当客人到达时立即恢复正规姿势。

1. 迎宾员服务礼仪

大门迎宾员的主要职责是负责宾客进出大门的迎送工作。在服务中应做到服饰挺括华丽、仪表整洁、仪容端庄大方，需精神饱满地站在大门前，恭候宾客的光临。当宾客乘车抵达时，要立即主动迎上，引导车辆停

妥，接着一手拉开车门、一手挡住车门框的
上沿，以免客人碰头。问候客人要面带微
笑、热情地说："您好，欢迎光临！"并致以
鞠躬礼。对常住客人切勿忘记称呼他（她）
的姓氏。当客人集中到达时，应耐心地向宾
客微笑、点头示意、问候，尽量使每一位客
人都感到亲切。如遇到下雨天，要撑伞迎
接，以防宾客被雨淋湿。若宾客带伞，则将
宾客带入的雨伞放在伞架上，并代为保管。
如遇到老人、儿童、残疾客人，要主动伸手
搀扶，倍加关心照顾。客人离店时，要引导
车子开到客人容易上车的位置，并拉开车门

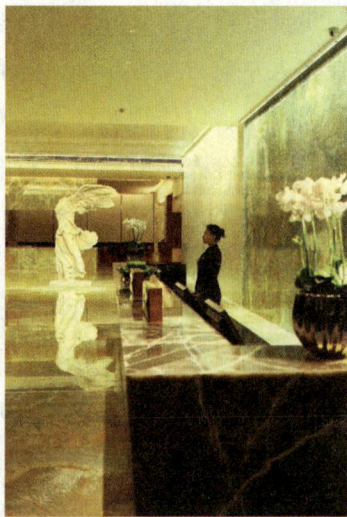

迎宾员服务站姿

请客人上车，在看清客人已坐好，衣、裙不影响关门时，再轻关车门，并
向客人微笑道别："谢谢光临，欢迎下次再来，再见！"并招手示意，目送
客人离去。主动、热情、认真地做好日常值勤工作。要尽量当着客人的面
主动引导出租车或打电话为其联系出租车，并礼貌、热情地接待来访者，
主动帮他们寻人、回答客人的问询，绝不能置之不理，冷漠旁观。

2. 保安员服务礼仪

大门保安员的主要职责是负责大门和周围的安全保卫以及车辆指挥等
工作。在服务中应做到服饰整洁、仪容端庄、举止稳重。对待客人要礼貌
迎送，答复问询，不厌其烦。指挥车辆要文明礼貌、有条不紊、井然有
序。安保人员既要保证大门前井然有序，又需注意言谈举止的礼节，不失
礼貌。有老弱病残进出宾馆时，尤其需要确保其安全，保证不发生跌撞事
故。

3. 行李员服务礼仪

行李员的主要职责是负责客人的行李接送工作。在服务中应做到着装
整洁，仪容端庄，礼貌值岗，精神饱满，思想集中。客人抵达时，热情相
迎，微笑问候。主动帮助客人提行李，并问清行李件数，记住送客来车号
码。若客人坚持自己提行李，应尊重客人意愿，不可强行接过来。在推车
装运时，要轻拿轻放，对贵重易碎行李物品更不能乱扔或重压，以免引起
客人的不快。陪同客人到总服务台办理入住手续时，应侍立在客人身后两

三步处等候，看管好客人行李并随时接受客人的吩咐。引领客人时，要走在客人左前方两三步处，随着客人的步子徐徐前进。遇转弯时，要微笑向客人示意，以体现对客人的尊重。

陪送客人乘电梯时，行李员按动电梯控制钮，然后一手挡住电梯门，敬请客人先入电梯，随后携行李跟进。电梯到达指定楼层后，关照客人先出电梯，再将行李运出。如大件行李挡住客人的出路，行李员可先运出行李，然后按住电梯门，请客人出电梯。

引领客人进房时，先放下行李，按门铃或用手指敲门通报，里面没有反应再开门；开门后，先打开过道灯。如室内装有节能钥匙孔，应先把钥匙插入孔中，扫视一下房间确无问题后，则退至房门一侧，请客人进房。进入房间的行李员，要将行李轻放在行李架上，箱子的正面朝上，箱把手朝外，便于客人取用。行李全部放好后要与客人核对清楚，确认无差错后，可简单介绍饭店内的设施。如客人无其他要求，应迅速礼貌告别，以免给客人造成等待或索要小费的印象。离开房间前应微笑地说："先生（或小姐、夫人等），请好好休息，再见！"面对客人，后退一步，再转身退出房间，将门轻轻拉上。

如果接待团体客人，除应遵循散客行李服务礼仪外，尤其需保证客人的行李准确无误地送至每个客人的房间，不至于因行李混乱造成客人的不便。并从思想上认识到每个客人都是平等的，每一件行李同等重要。

客人离开饭店时，行李员在接到搬运行李的通知后，进入客房之前无论房门是开着还是关着，均要按门铃或敲门通报，听到"请进"声，方可进入房间，并说："您好，我是来运送行李的，请吩咐。"当双方共同清点行李件数后，即可提携行李，并负责运送到车上。如客人跟行李一起走，客人离开房间时，行李员要将门轻轻关上，尾随客人到大门口。安放好行李后，行李员要与大门应接员一起热情地向客人告别，方可离去。对待团体客人离店，行李员更应细心谨慎、仔细核对，不能出现任何差错。

（二）总台服务礼仪

总台具有接待宾客、入住登记、提供咨询、收款、外币兑换等多项服务功能，任务重、工作时间长。前厅接待是客人进店和离店的必经之地，能否让客人有宾至如归的感觉，很大程度上取决于前厅的服务质量。

接待员应做到衣着整洁、仪表端庄、全神贯注、精神饱满地恭候宾客的光临。做到服务态度和蔼可亲，笑脸迎客，口齿清晰。熟悉个人业务，快捷有序，讲究效率，节省客人时间。前厅站姿要求上身挺直，两脚分开，双臂自然下垂，男女均可采用背手式。若是端坐于服务台，要求姿态端正。入座时需轻缓，上身要直，人体重心垂直向下，腰部挺立，脊椎向

接待员微笑服务

上伸直，胸前挺，双肩放松，躯干与颈、腿、脚正对；手自然放于双膝，双膝并拢；目光平视，面带笑容，不需将椅子坐满，大概占2/3处，也不可坐于边缘。

1. 订房服务

客人订房时，无论宾馆是否有房间，都需立即回复。若有房间，立即发给客人订房确认书，并向客人致谢，欢迎客人准时到达宾馆。若无法满足客人的订房要求，则需向客人致歉，并主动提供一系列可供客人选择的建议，如更改客房类型或抵达时间等，甚至为客人联系其他宾馆，不能简单地予以拒绝。对于服务从业人员来说，用建议代替拒绝是树立良好口碑的重要途径。

客房

订房工作需细心谨慎，确保万无一失，应按时核对。在客人抵达时，按时提供预订的房间。当因某种原因发生订房失误，不能按时提供时，需

服务人员整理着装

耐心礼貌地向客人解释说明，并为客人妥善安排，如提供升房服务，或为客人预订其他同类型的宾馆并派车将其送达，力争化解纠纷，树立宾馆的良好形象。

2. 入住登记

当客人来到前台时，接待人员应热情问候："您好！欢迎光临！""请问，您预订过吗？""我能为您做些什么？"遇到客人较多而工作繁忙时，要按顺序依次办理住宿手续，做到办理一个，接待一个，招呼后一个，使客人不受冷落。敬请客人填写住宿登记单后，尽可能按客人要求（楼层、朝向等）安排好房间，提供满意的服务。核对客人的证件与登记单要礼貌，

入住接待

确认无误后，要迅速交还证件，并表示感谢。当知道客人姓氏后，要尽早称呼为好，这是尊重客人的一种表现。把住房钥匙或磁卡交给客人时，应礼貌地说："××小姐（先生），这是房间的钥匙（磁卡），祝您愉快！"如客房已满，要耐心解释，并请客人稍等。如客人不需要帮助，则对客人说："下次光临，请先预订，我们一定为您保留。"重要客人进房后，要及时用电话询问客人："××小姐（先生），您对这个房间满意吗？""您还有什么事情，请您吩咐，我们随时为您服务！"以体现对客人的尊重。对于有不同需求的客人，应尽量满足其要求。

当接待团体客人或同时多人需办理入住登记时，需按先后顺序，依次办理。既要一视同仁，又要给予礼貌接待，在为第一位客人提供服务时，向后面的客人说："对不起，请稍等。"

3. 离店结账

当客人到总台结账时，服务员要做到热情周到、迅速准确。先致问候"您好"，然后明确需现在提供结账服务。在得到确定后，立刻核对住店天数，并对产生的其他收费项目、金额予以确认。说话时口齿清晰、不能含糊。结账时迅速、准确，印鉴清晰，不得涂改。若是现金，需当面点清，并唱收唱付："您的账单是××元，收您××元，找您××元，请您收好。"办完手续，即向客人致谢，如"谢谢您的关照""欢迎下次光临""祝您旅途愉快"等。

4. 问询服务

宾馆所在的城市对于大多数到店客人来说是个陌生的城市，客人需要通过总台了解宾馆及当地的有关情况，这也是总台工作人员的服务内容之

一。为使每名前来问询的客人得到满意的答复，问询接待员需掌握大量的供查询的信息和资料，如国际国内航班、列车时刻、本地的旅游指南、出行线路等。

问询接待员要耐心、热情地解答客人提出的任何疑问。回答问题简洁明了，用词得当。不能用"也许""大概"之类的词搪塞。对不知道的事不能简单地说"不知道"，也不可不懂装懂，而应表示歉意，并表现出乐于帮助，应说："对不起，先生，请稍候，让我查询后再回复你。"若一时不能解决，需记下客人的要求、姓名及房号，待查询后再回复；若未查到也需回复，并说明原因。

问询处

问询处有时会接到客人的投诉，当客人对宾馆有意见来问询处陈述时，要面带微笑，以真诚的态度表示欢迎，凝神倾听，要致以真挚的歉意，并妥善处理。接待投诉时，宜礼貌地请客人移步办公室，切忌在公共场合处理。请客人坐下后，送上茶水，倾听客人意见。用和蔼、协商的语气与客人商量解决办法，诚心解决问题。及时做好客人资料的存档工作，以便在下次接待时，能有针对性地提供服务。绝不能与客人争辩或反驳，更不能讥讽甚至嘲笑客人。

5. 其他服务

总台除提供上述服务项目外，还需提供贵重物品保管、商务服务、外币兑换等服务。

（三）客房服务礼仪

客房作为"旅客的家"，客人在酒店的首要目的就是住宿、休息，能否为客人提供一个舒适的休闲环境，将决定酒店的形象和服务质量。而作为客房服务员，必须为旅客提供标准化、规范化的服务，并遵从相应的礼仪规范。

1. 准备工作

在客人到店之前，客房服务员应掌握客人的有关信息及对客房的特殊要求，以便有针对性地做好接待服务准备工作。同时按照服务规范，对准备迎接客人的房间再检查确认一遍，以确保房内卧具用具齐备，房间整洁明亮，空气清新，达到接待规定要求。对于重要客人，按照有关接待标准和规格进行特别布置。同时，接待服务人员及时整理好个人服饰和卫生，以饱满的精神、良好的仪容，做好迎接客人的准备。

2. 迎接客人

在接到来客通知后，楼层服务员要有礼貌地站在梯口旁，恭候宾客的到来。宾客一到，要立即亲切问候："××小姐（先生）您好，欢迎光临！"并行鞠躬礼。对老弱病残的客人要主动搀扶，给予热情的关心和帮助。引领客人要在客人左前方约1.5米，按客人步速轻步前行，直到预订的客房门口。开房门时，轻轻地转动钥匙，打开门后立即将钥匙插入亮灯座，侧身一旁，敬请客人进房。客人进房后，针对客人不同的身份和需求，灵活地递上茶水或冰水和香巾，并说"请用巾""请用茶"。待客人坐下休息后，根据客人实际情况，有礼貌地介绍房间

迎接客人

设备及其使用方法，同时介绍饭店的各种设施，帮助客人熟悉环境，便于客人使用。在问清客人没有其他需求后，应立即离开，向客人礼貌告别。退出房间时，应先后退一步，再转身走出，同时把门轻轻拉上，让客人安心休息。有的客人到达楼层后，如果因长途旅行疲劳或已是深夜，急于休息，接待员要随机应变，简化某些服务环节，以使客人及时得到休息。

3. 日常服务

客人住进宾馆后，绝大部分的服务工作由客房部的服务人员承担。客房服务的工作有整理房间、洗衣服务、饮食配送、访客接待、待办事项等多项服务内容，其中以整理房间为主。在工作时，不要与人闲聊或大声说话。夜间讲话要轻声细语，不得影响客人休息。在过道内行走，不要并行。遇急事不要奔跑，以免造成紧张气氛。平时遇到客人外出或回房间，都要点头微笑问候，切勿视而不见、不予理睬。

房间整理又可分为上午整理、下午整理和晚上的内务整理，这些都需要按照接待规格和操作程序进行。注意早中晚客人休息的规律特点，尽量不打扰客人的休息。若上午整理，应尽量利用客人外出的时间进行；下午和晚上则应利用客人用餐时间。了解客人是否有午休的习惯，并按照白天

晚间的不同需要为客人准备物品和布置床铺。

客房服务员进门前，先将用品备齐。先要看清门外把手上是否挂有"请勿打扰"的牌子，避免冒失唐突之举。进房时，必须讲究礼貌，先按门铃两下，未见动静，再用中指骨节有节奏地轻敲房门三下，并说："我是客房服务员，可以进来吗？"如客人来开门，则有礼貌地说："对不起，打扰了，现在可以打扫房间吗？"在征得客人同意后方可进入，并把门半掩着，千万不要关门。如客人听到敲门声说："请进。"应轻轻将门推开，并说："现在可以打扫房间吗？"得到客人允许后再行清扫。如果仍不见动静，可再继续敲门三下，再不见回答，可用房卡开门。若发现客人正在睡觉，则应马上退出，轻轻将门关上。若房内无人，则可开始打扫，但必须把客房门完全敞开。

清扫房间应严格按照程序进行：先拉开窗帘，然后倒掉垃圾，换上烟缸、布巾，擦拭家具和各类用品，补充茶叶、一次性消耗品，清洗卫生间。撤换床上用品时，要注意客人的钱包、手表等物品，防止被摔坏或被裹走。打扫桌面时，不得擅自翻阅客人的文件，稍作整理即可，不要弄乱。桌上的纸条、报纸等物品，没有客人的吩咐，不得随便扔掉。在服务过程中，不得在房内看电视、听音乐、翻阅报刊或使用电话，更不能接听客人的电话。不得向客人打听私事。如宾客在交谈，不要插话，更不能趋前旁听。清扫时，如宾客挡道，要礼貌地打招呼，请求协助。整理房间时，应尽量避免干扰客人的休息与工作，最好是在客人外出时进行。打扫完毕，不要在房间逗留，如客人在房内，离开时要说声："对不起，打扰了，谢谢！"然后有礼貌地后退一步，再转身走出房间，将门轻轻关上。

生活服务既能方便客人，也能提高宾馆的服务质量，如客房用膳、为客人洗烫衣物等。根据客人的不同需求，客房用餐可分为早餐、便餐、夜宵等，其中尤以早餐居多。对于要求提供送餐服务的客人，提供服务时需注意食品的保暖，送菜需迅速，注意清洁卫生等。根据客人点菜的多少，视情况用托盘或餐车送上。若用餐车，应特别细心，以免因地毯松动等原因造成餐车颠簸，将餐点弄洒。餐点送至房内应先征询客人在何处食用，然后替客人将餐点、椅子摆好，请客人用餐。客人用后的餐具和剩物应及时撤出，同时注意更换烟缸、杯子，擦净台面，保持客房清洁。

客人要求洗涤衣物时，要及时取送，不得延误或弄混。洗烫衣物一般分为水洗、干洗和烫洗三种。客房内应放置洗衣登记单和洗衣袋，客人登记后连同需洗涤的衣服一起放置在洗衣袋内。客房服务员在取洗衣袋时，需对照洗衣单认真核对件数、衣物材质和时间等，并检查衣物有无破损。若与填写不符，需向客人当面澄清。注意检查口袋内有无物品，若有物品，应掏尽后交还客人再送洗。

客房图片

有访客到访，需像对待住店客人般热情有礼，但不得擅自让访客进入房间，需征得意见后再安排。注意态度热情，不可怠慢。并按客人要求，备足茶杯、供应茶水、勤添毛巾、肥皂、火柴等。若访客需留宿，应请其前往前厅办理住宿登记手续。若被访客人暂时不在，可请访客留言，或陪送至公共区域等候。

4. 其他服务礼仪

为方便携带小孩的客人不必因小孩而影响外出，很多宾馆提供托婴服务。从事此项服务的客房服务员需接受过专业的小孩照料训练，并详细了解小孩的特点及家长的需求，在规定的区域内照看小孩，不得擅自离开。此外，如发现客人身体不适，要主动关心，询问是否需要到医院诊治，并送饮食，帮助服药。不要先伸手与客人握手；不逗客人的小孩玩耍；与客人不要过分亲热；与客人接触，应以礼相待，不得有粗俗之举。

5. 突发事件处理

在客房服务时，有时会遇到一些意外事情发生。例如，客人的情绪或精神不正常；超过应起床时间但久无动静；房内出现争吵甚至斗殴等。客房服务员应保持冷静，及时报告主管，一起协同处理，切勿慌张、夸大宣传等。若遇到客人酒醉回房，服务员应保持理智、机警，在安置酒醉客人回房休息后，特别留意其房间动静，以保证提供适时服务，并避免意外发生。

（四）话务接待

话务服务作为宾馆内见不到的服务，因为不能面对面交流而增加了服务的难度，而客人往往会用话务人员的声音、语气、接转电话的速度来衡量宾馆的服务质量。因此，宾馆对话务服务人员都有较高的要求，希望其用全面的知识、简洁的语言、甜润的声音为客人提供规范、得体、合乎礼仪的服务。其主要任务是电话接转、叫醒服务等。

话务员接到打进的电话，应先主动报出自己的电话号码和宾馆全称，然后倾听来电内容，再分别处理，例如："这里是（电话号码），某某宾馆。您好，有什么吩咐，请讲！"不论对方来电时是什么态度，话务员都应始终做到用语文明、态度诚恳，绝不可与通话者顶撞、争执。宾馆大多使用内线电话，话务员接转电话时要做到精力集中、准确无误。接转中不得监听通话内容，如因操作原因偶尔听了，要遵守制度，不得外传，更不能以此和客人开玩笑。宾客托挂的长途电话，在其通话后，应准确记录通话的房间号、姓名和通话时间，记录留存，做到不漏不错。如宾客在中途调换房间，应及时更改转记，以便继续为之接转电话和离店收费。

叫醒服务是宾馆提供的基础服务项目，一般由电话总机提供此项服务。在接受宾客请求后，话务员要立即做好记录，准确核对房间号码和叫醒的确切时间，并详细登记，便于交接班时值班同事不致误事。叫醒服务按叫醒时间循序排列。叫醒时可电话

话务员正在接电话

通知楼层服务员去办理。如果是单人房间住客，也可直接去电话叫醒："早晨好，现在的时间是早上×点钟。"如果没人接听，则应间隔3分钟再打一次，3次仍没人接，应通知值班服务员去敲门叫醒，以免误了宾客的安排。

当客人因某种需求求助于总机时，总机服务员应及时、热情地与相关部门联系，切不可以无此种服务而断然拒绝客人。对外来查询住店客人的电话，话务服务员同样应注意为客人保密，不能随意泄露房号和客人的其他信息，可在征得客人的允许后将电话接至客房，让其与住店客人通话。

（五）送客离店

对待客人应善始善终地做好各项服务，使其"满意而归"。重点是做好客人的行前准备、行时送别和行后检查。

要牢记客人的具体离店时间，所乘交通工具的班次，所有委托代办的事项是否已经办妥。客人临行前，应事先主动询问，是否需要提前用餐或

准备食物，是否需要提供出租车，早晨离店的客人是否需要叫醒服务。客人离开房间时，有礼貌地送客人到电梯旁，并祝客人"旅途愉快，一路顺风"。如无行李员，应有一名客房服务员帮助客人提拿行李，并陪送至前厅。并在客人离去后及时对房间进行全面清洁整理，按宾馆的规格，布置完整，准备迎接新的任务。同时检查客房物品有无损坏和丢失。若有，应即刻询问客人，但不得让客人当众难堪。整理房间时，还需检查有无客人遗留的物品，尤其在枕头下、窗帘后等较为隐蔽的地方。若发现有遗留的物品，应立即交于客人；若客人已经离店，应速交总服务台登记由其设法转交，或请示领导处理。

二、酒店行业服务用语规范

语言是人与人之间交谈的工具。语言的良好运用既可以体现从业人员的思想境界、个人修养，也是酒店"软实力"的重要组成部分。

（一）用语规范

1. 文明用语

交谈语言要求人们在具体使用语言时必须讲究文明。具体来说，应当表现出服务人员良好的文化素养和友善的待人处世态度，使客人产生宾至如归的感觉。用语要力求谦恭、高雅、脱俗，并避免咬文嚼字、词不达意。

学会使用文雅词语，意在展示服务人员的良好修养和对服务对象的尊重。雅语与俗语相对，如在日常生活中人们常用"洗手间"代替"厕所"、用"丰满"代替"肥胖"、打电话时用"您找哪位"代替"你找谁"，等等，这都是文雅语言的体现。在对客人服务时，用词力求谦和、高雅、脱俗，但也需注意实际的效果，需防止过分书生气。

2. 礼貌用语

礼貌用语，是指约定俗成地表示谦虚恭敬的专门用语。使用礼貌的语言既是做人的基本常识，也是博得他人好感与体谅的有效做法。要求语言礼貌，就是要求交谈者尽量多使用礼貌用语。礼貌语言可分为问候语、迎送语、请托语、致谢语、征询语、应答语、赞赏语、祝贺语、推托语和道歉语等十种类型。它们既有各自专门适用的场合，又有各自专用的具体方式。

在服务岗位上，一般要求服务人员对问候用语勤用不怠。具体来讲，适宜用问候用语的时机包括主动服务于他人时、他人进入本人的服务区域时、他人与自己相距过近或是四目相对时。迎送用语主要适用于服务人员在自己的工作岗位上欢迎或送别服务对象，服务人员不但要自觉地采用迎送用语，而且要将欢迎用语、送别用语一并配套予以使用，做到待客有始有终。致谢用语意在表达自己的感激之意。对于服务人员来讲，在以下情况下，理应及时使用致谢用语：获得他人帮助时、得到他人支持时、赢得他人理解时、受到他人赞美时。征询用语在服务工作中也使用较多，如在主动提供服务时、了解对方需求时、征求对方意见时。应答用语指服务人员在工作岗位上服务于人时，用来回应服务对象的召唤，或是在答复其询问之时所使用的专门用语。而如何拒绝别人、巧妙地使用推托用语，这是体现服务水平的重要环节。如使用转移式的推托用语，即不具体地纠结于对方所提及的某一问题，而是主动提及另外一件事情，以转移对方的注意力。如"您不再要点别的吗？这件东西其实跟您刚才想要的差不多"等。还可使用解释式的推托用语。解释式的推托用语，就是要求在推托对方时，说明具体的缘由，使对方觉得自己的推托合情合理。例如，"我们这里规定，不能乱开发票"，等等。

3. 准确用语

语言的准确性是交谈的基本要求，在交际中十分重要。如果不重视语言准确性，使用语言含糊，词不达意，不能形成有效沟通，必将难以为客人提供满意服务。

语言标准实际上就是要求人们在交谈时要讲普通话，讲好普通话。而在日常工作中，就要杜绝滥用外语和只讲方言的习惯。外语是与外国友人进行沟通的工具，作为宾馆服务人员需掌握一定的外语，以便于沟通，但切不可滥用，会有卖弄之嫌。而方言、土语更适用于老乡之间，而不宜在工作中频繁使用。少数服务员为拉近与客人的距离，用方言沟通，但切不可过头。在多方交谈中，即便只有一个人听不懂，也不要采用方言交谈，以免使其他客人产生被排挤、冷落之感。

做到用词正确。任何语言都是由一系列具体词汇所进行的排列与组合。因此，要保证沟通准确，就首先要做到用词准确。任何词汇都有特定的具体含义。只有明确地理解了每个词汇的本意，才能做到用词正确无误。凡是不甚熟悉的生词，尽量不要在交谈中使用。对其具体含义不甚了解时，也以不使用为好。

4. 真诚用语

真诚是做人的美德，也是交谈的重要要求。交谈双方态度要认真、诚恳，只有直率诚笃，才能有融洽的交谈环境，才能奠定交谈成功的基础。认真对待交谈的主题，坦诚相见，直抒胸臆，不躲不藏，明明白白地表达出各自的观点和看法。出自肺腑的语言才能触动别人的心弦。真心实意的交流是自信的结果，是信任人的表现，只有用自己的真情激起对方感情的共鸣，交谈才能取得满意的效果。如果虚情假意，言不由衷，搞"外交辞令"，就会出现"话不投机半句多"的尴尬局面。所以，交谈时，不要装腔作势、夸夸其谈，不要胡乱恭维、赞美别人，或者一会儿这样说，一会儿又那样说；不要向别人夸耀自己的成功，拐弯抹角地自我吹嘘，否则，容易引起当事者的反感。交谈时，听到夸奖的话，应表示谦逊，以掩饰的方法来表现自己的优点；听到批评逆耳之言，不要表现出不高兴或做过多的解释，回答问话时，要表现出善良友好的诚意。

在宾馆环境中，要尽量使用肯定短语答复客人的问题，如"好的""可以"，任何时候都不要用否定短语断然拒绝客人的要求，即使实际情况确实如此，但谈话时也应做出解释，或做出适当的建议。答话时先要加上"对不起""很抱歉"，以取得客人的谅解。

交谈时，服务人员神态要既自然又专注，应正视对方，认真倾听，切忌东张西望、似听非听，或者翻阅书报，甚至自顾自处理一些与交谈无关的事务，这是不礼貌的表现，它将会严重破坏服务质量。同时，也不要随意打哈欠、伸懒腰，做出一副疲惫不堪的样子，或者不时看看钟表，显得心不在焉，这会给客人留下不愿意提供服务的印象。

5. 反馈积极

交谈要注意反馈。当客人提出问题或表述观点时，服务人员要通过适当的眼神、手势或其他形体语言让客人感觉到你在认真倾听，或者及时适当地使用一些语气词、简单的语句进行反馈，如"啊""是吗""那太好了""讲得对"等来烘托谈话气氛，激发对方谈兴。如果让客人滔滔不绝，自己却如泥塑木雕一般对他方谈话不置可否，这也是失礼的表现，同时也降低了服务的水准。

6. 巧妙用语

交谈时，用商量询问的语气比简单地发问或直接表示意见合适得多，会使对方觉得你温和有礼，即使出现一些服务不到位的情况也能迎刃而解，如"您的意见呢""您看，这样好不好"。如果客人询问点的菜好了没有，回答时用"马上就好，请您稍等"替代"没有"或"还没有"，会达到不同的服务效果。语气不同，方式各异，效果差别很大。

说话不仅是在交流信息，也是在交流感情。许多复杂的情感往往通过不同的语调和语速表现出来。如宾客需要服务，而服务人员手头还有事，用两个升调说"请稍等一会儿，马上就来"，这是正常的。如用两个降调，或前一句高，第二句低，就会给人一种不耐烦或不高兴的感觉。所以，服务人员对客人讲话，不但要有角色感，还要有诚挚、友好、热情、亲切等富有人情味的语调。如明快、爽朗的语调会使人感到大方的气质和亲切友好的感情；而声音尖锐刺耳或说话速度过快、过急，则会使人感到急躁、不耐烦的情绪；有气无力、拖长声调，则会给人鄙视厌烦之感。因此，服务人员为使自己的语言谈吐得体，给客人以愉悦之感，应掌握语调、节奏的一般规律。适当放低声调，会比高嗓门顺耳有礼；委婉柔和的语调会比呆板机械的语调动人；说话节奏稳健，比急迫的机关枪式的节奏更易使人接受；富于感情变换的抑扬顿挫，总比生冷平板的语言感人；富于感情色彩、略带夸张的语调节奏，比平淡的语调更易感染人，等等。

7. 清晰用语

服务人员要做到清晰用语，主要在于语言标准、语调柔和、语气正确三个方面合乎服务礼仪的基本规范。

（1）语言标准。要求要讲普通话并发音正确。普通话是我国法定的现代汉语的标准语。发音正确则要求服务人员在运用口语时，不能够念白字，并要求服务人员在讲普通话时，要注意其阴平、阳平、上声、去声四种基本声调的区别。

（2）语调柔和。语调一般指的是人们说话时的具体腔调。通常一个人的语调主要体现在他在讲话时的语音高低、轻重、快慢的具体配置。要求服务人员语调柔和，主要应当在语音的高低、轻重、快慢方面多多加以注意。

在与服务对象讲话时，服务人员的音量如果过高、过强，就会使自己显得生硬、粗暴，而且有可能会让对方震耳欲聋、感觉不适。相反，如果服务人员的音量过低、过弱，则又会使自己显得有气无力，因而会令对方感到沉闷不堪，甚至还会产生一种被怠慢的感觉。在交谈之间，还应注意适时地停顿。语速过慢或过快，都有可能被理解为怠慢，而且会破坏交谈对象的情绪。

（3）语气正确。语气即人们说话之时的口气，语气一般具体表现为陈述、疑问、祈使、感叹、否定等不同的语句形式。

服务人员在工作岗位上与服务对象口头交谈时，一定要在自己的语气上表现出热情、亲切、和蔼和耐心。特别重要的是不要有意无意之间，使自己的语气显得急躁、生硬和轻慢。语气急躁是指服务人员在与服务对象交谈时，语气上显得焦急、暴躁、激动或者很不耐烦。比如说"抓紧时间""快点，我还有别的事""快下班了"等。语气生硬是指服务人员在与服务对象交谈时，语气上显得勉强、生冷、僵硬，或者不够柔和。服务人员不宜采用"着什么急""瞧一瞧自己"这类轻慢他人的语气。

（二）话题选择

选择谈话内容时，一定要根据服务对象的不同，考虑选择大家共同关心和感兴趣的话题。而对于一些不易产生共鸣甚至会使人反感、忌讳的话题，则应加以回避。

可选择令人轻松愉快、身心放松、饶有情趣、不觉劳累厌烦的话题，如文艺演出、流行时装、美容美发、体育比赛、电影电视、休闲娱乐、旅游观光、名胜古迹、风土人情、名人轶事、烹饪小吃、天气状况等。这类话题适合休闲、闲谈等非正式场合的交谈，但同样要因人、因事而异。

（三）言谈交流中的禁忌

1. 忌谈的话题

（1）涉及个人隐私的话题。个人隐私，即个人不希望被他人了解之事。如有关对方年龄、收入、婚恋、家庭、健康、经历等一类涉及个人隐私的话题，除非是工作需要必须了解相关情况，一般情况下，都不应涉及他人这方面的话题。即使是特殊人员，除工作所需了解的之外，平时也不可将他人隐私作为茶余饭后的谈资。

（2）非议其他客人的话题。有人喜欢在交谈之中传播闲言碎语，制造是非，无中生有，造谣生事，非议其他不在场的人士。这类非议他人的言谈是非常失礼的行为，这样做非但不能说明自己待人体己，反倒证明自己少调失教，是拨弄是非之人。正所谓"来说是非者，必是是非人"。

（3）令人反感的话题。一些令交谈对象感到伤感、不快的话题，错误倾向的话题，以及对方不感兴趣的话题，如违背社会伦理道德、生活堕落、思想反动、政治错误、违法乱纪之类的话题，都属令人反感的话题，不宜作为言谈交流的主题。若无意间碰上这种情况，应立即转移话题。

2. 忌用的语气

（1）不尊重之语。在服务过程中，任何对服务对象缺乏尊重的语言，均不得为服务人员所使用。在正常情况下，不尊重之语多是触犯了服务对象的个人忌讳，尤其是与其身体条件、健康条件方面相关的某些忌讳。例如，对老年的服务对象讲话时，绝对不宜说什么"老家伙""老东西"；面对残障人士时，切忌使用"残废"一词；一些不尊重残疾人的提法，诸如"呆子""聋子""瘸子"之类，更是不宜使用；接触身材不甚理想的人士时，对其不满意的地方，如体胖之人的"肥"、个低之人的"矮"，都不应当直言不讳。

（2）不友好之语。在任何情况下，都绝对不允许服务人员对服务对象采用不够友善甚至满怀敌意的语言。例如，在服务对象要求服务人员为其提供服务时，后者以鄙视前者的语气询问："你买得起吗？""这是你这号人用的东西吗？"当服务对象表示不需要服务人员推荐的服务项目，或是在经过一番咨询，感到不甚合意，准备转身离开时，服务人员在客人身后小声嘀咕"没钱还来干什么""装什么大款"等。凡此种种，不仅皆属于不友好之语，而且是不友好到了极点。在工作中如此对待服务对象，既有悖于职业道德，又有可能无事生非，甚至进一步扩大事端、激发矛盾。

（3）不耐烦之语。服务人员在工作岗位上要做好本职工作，提高自己的服务质量，就要在接待服务对象时表现出应有的热情与足够的耐心。要努力做到有问必答，答必尽心；百问不烦，百答不厌；不分对象，始终如一。假如使用了不耐烦之语，不论初衷是什么，都是不对的。例如，当服务对象询问宾馆是否能复印资料时，不允许回答"我也不知道""自己去找"；当服务对象询问具体的服务价格时，不可以训斥对方"那上面不是写着了吗""瞪大眼睛自己看去"。

（4）不客气之语。服务人员在工作中，有不少客气话是一定要说的，而不客气的话则坚决不能说。在劝阻服务对象不要动手触摸某些陈列物品时，不能够说"老实点""瞎乱动什么""弄坏了你管赔不管赔"之类的话语。

　　服务人员只有在工作岗位上不使用服务忌语，时时刻刻牢记服务忌语的危害之处，才能克服以上忌语，做到文明服务。

📺 视频链接

周思敏，酒店餐饮服务礼仪。https://v.qq.com/x/page/w0526hp3bd4.html。

第三节　金融行业服务礼仪规范

💬 案例导入

　　小王是某银行的柜面服务人员。一天，某客户来到银行办理柜面存款，小王微笑着起身迎接，双手接过钱款和各种单据。小王看到这名客户的存款金额相对较大，就非常热情地花了很多时间向客户介绍银行的各种理财和代理产品。可是，最后客户非但没有购买任何一款理财产品，反而给了小王一个"差"的服务评价。小王百思不得其解，为什么这位客户不领情，她觉得自己服务已经很周到热情了。

　　为什么小王会给客户留下很坏的服务印象呢？原来，小王在服务的过程中，由于自己完成销售任务心切而没有顾及客户的需求，花了很长一段时间游说客户购买银行代理的理财产品，因而引起了客户的强烈反感。服务意识关系着服务水准、服务质量，只有在良好的服务礼仪和服务语言的指导下，才能端正工作人员的工作态度，而柜面人员在服务过程中的表现则是评价整个服务质量的核心所在。

　　目前，中国的金融行业进入了一个以投资理财、消费服务为特征的发展阶段，金融行业的发展是现代经济发展的必然，它向社会提供金融服务，它的服务水平、服务质量、服务种类，代表着它向社会提供的商品服务水平是不是经得起市场的考验。新的变化对现代金融行业的发展和服务提出了更高的要求，不仅要大力发展金融工具品种，还要提升金融行业竞争的软实力。除了坚持"以客户为中心"的服务宗旨，同时也要求员工在岗位上必须严格遵守有关的服务规范和工作礼仪。

金融服务礼仪是指现代金融行业员工在营业场所提供柜面服务时，全方位为客户提供方便、快捷、安全、准确的金融服务，以约定俗成、规范的程序来表现的律己敬人的行为。金融服务礼仪的基本要求是仪表端庄、主动服务、亲和力强、热情周到、文明用语、行为规范等。学会与客户交往，掌握沟通的技巧，掌握对顾客服务的行为规范，展现一名金融行业工作人员的外在和内在修养，能更容易赢得顾客的满意和忠诚，提升企业的形象。本节主要介绍金融行业服务流程礼仪及服务用语等规范。

中国银行一角

一、金融行业服务流程礼仪

服务是现代金融行业的永恒主题，在金融企业高度同质化的今天，服务的品质可以凸显一家金融企业的优势。打造优秀的服务品质已经成为现代金融企业求生存、谋发展的最基本的手段。随着网上银行、电话银行、自助银行等新电子化服务手段的兴起，看似柜台业务得到极大分流，而事实上，在一些发达地区，营业场所客户排队现象依然难以消除，对此，客户抱怨有增无减。专家认为，在相当长一段时期内，柜面服务仍是银行的主流服务。金融行业服务的主要服务礼仪包括营业礼仪、储蓄专业服务礼仪、出纳专业服务礼仪、信贷专业服务礼仪、会计专业服务礼仪等。

（一）营业礼仪

1. 营业礼仪的概念

营业礼仪又称为岗前准备礼仪，是指现代金融行业员工在岗前准备、柜台服务、客户接待、纠纷处理等过程中向客户提供服务时以约定俗成的程序、方式来表现的敬人律己的完整行为，包括仪容、仪态、仪表和言行举止等。根据金融行业的岗位划分，与客户接触最多的是柜台工作人员，几乎所有的营业时间都与客户打交道；其次是大堂经理岗位，经常与客户打交道；最后是管理岗位，与客户很少打交道。所以，对于金融行业来说，最有意义的岗位礼仪是临柜礼仪。

正在接受培训的工作人员

2. 营业礼仪的基本要求

（1）主动服务。主动服务最关键的一点是尊重客户。主动服务除了表现银行各项功能的齐全，更应当真诚地关心客户、理解客户，只有这样，才会有更多的感情投入，让客户真正从中体会到真诚亲切、体会到营业服务过程中的人情味。

（2）仪表端庄。仪表端庄是指营业人员必须做到服装干净整洁，举止大方得体，待人热情稳重。在客户面前表现出优良的专业水准和文化修养，把自己的身份、气质、内在素质用一种亲和的方式传递给客户，并得到客户的认同。

（3）亲和力强。亲和力强是指营业人员在工作中应面带笑容、体贴周到、细致入微，对客户提出的问题耐心解答，真真切切地帮助客户解决实际问题。在遵守行业规章制度和服务规范的同时，快速娴熟地办理业务。根据不同客户的需求进行针对性的服务，尽量满足客户各种不同的业务需求，充分体现金融行业的服务水平。

（4）周到细致。周到细致是指金融行业从业人员应明确自己所担当的工作角色，对自己从事的职业有明确的服务意识。发自内心、感情真挚、业务娴熟地为客户办理每一笔业务，带给客户如沐春风的感觉，并以最佳的状态营销自我、展现自我。

（5）文明用语。语言是交流的媒介，是与客户成功交往沟通的桥梁，规范的行为体现出员工的整体素养和形象。员工的文明用语，可以体现风度和修养；员工的规范行为，可以展示行业风貌；员工的语言礼仪和举止礼仪可以表情达意，传递信息，创造"人和"的境界。

3. 营业岗前准备要求

上班必须提前15分钟到岗，按规定做好上岗各项准备工作。包括打扫卫生；开启监控设备，更换录像带；开启电子屏；整理并添置宣传资料及

工作人员礼仪培训

各类凭条；更换摆好当日临柜人员工号牌，等等。员工接库箱后，必须立即进入营业场内各自工作岗位，打开终端，有序摆好桌面营业用品，更换调好业务章、日戳等。

（二）储蓄专业礼仪服务

1. 储蓄专业礼仪服务质量要求

储蓄业务服务的质量要求是严格按照制度进行操作，规范管理，强化监督，减少储蓄业务差错率，提高服务质量，杜绝违章操作、弄虚作假、隐瞒差错、以长补短、白条抵库，确保账账、账折、账款、账实、账据、账表完全相符。会计差错率应该控制在万分之一以内，现金差错率应该控制在百万分之四以内。

（1）办理业务实行个人负责制，单收单付，账款自我复核。

（2）办理大额存取款、应急业务、特殊业务时，必须由有权人员授权，会同签到柜员双人复核办理。

（3）当时记账，核对账号、账折相符；当天结账，轧对平衡。账户余额要每日核对，总分一致。

（4）业务公章、私章、柜员操作卡要妥善保管，章在人在，离柜收起。

（5）存款坚持先收款后记账，取款坚持先记账后付款。

（6）业务坚持先外后内，尽量减少客户等待时间，做到"五个主动"，即储户有急事应先主动征求其他客户意见后给予提前办理；特殊储户要主动照顾；储户的存单（折）、现金主动交清；票面搭配应尽量主动满足客户要求；储户遗留的物品主动归还。

（7）查错账时，坚持先内后外，内部查清后，再向客户答复。

（8）长短款要查明原因，按规定及时列账上报。

储蓄工作人员为客户服务

（9）账务要做到日清月结，保证总分相符、账款相符、账折相符、账实相符、账据相符、账表相符。

（10）有价单证视同现金管理，空白重要凭证必须专人管理。严格领发、登记、交接、保管手续，做到班清、日清、账表核对相符，领用有签章，交接有手续，营业终了均应入库保管。

（11）办理代理业务要视同储蓄专业业务一样高度重视，严格制度，严格操作，严格管理，减少差错，做好营销宣传工作，提高服务质量。

2. 储蓄专业礼仪服务效率要求

办理存款、取款、查询、挂失、异地托收以及与储蓄业务相关的其他业务时，要严格执行有关储蓄业务的政策法规，严格操作规程，严格规章制度。目前，金融系统普遍采用叫号服务方式，在条件许可的情况下可以建立限时礼仪服务、超时赔偿工作制度。

（三）出纳专业礼仪服务

1. 出纳专业礼仪服务质量要求

出纳是一个很重要的岗位，要注意遵守其准则、法律法规。出纳工作是管理货币资金、票据、有价证券进进出出的一项工作。具体地说，出纳是按照有关规定和制度，办理本单位的现金收付、银行结算及有关账务，保管库存现金、有价证券、财务印章及有关票据等工作的总称。出纳是会计类的一个岗位，对于每一个企业都很重要，直接影响到金融系统资金的运作情况。出纳专业礼仪服务的质量目标为：现金收付差错率控制在百万分之零点三以内，挽回差错率控制在百万分之一点五以内，事故案件为零。

（1）严格遵守国家有关现金管理的规章制度，遵守职业道德，增强服务意识，钻研业务知识，努力提高服务水平和业务素质。

（2）根据复核后的记账凭证正确办理现金收、付业务，现金款项要当面点清，现金收、付后应在记账凭证"出纳"处加盖本人印章。

（3）收取现金后，需开具收据的，应根据批准的收费项目正确开具收据。

（4）每日盘库，核对库存现金与现金日记账余额，做到日清月结、账款相符；发现长款、短款，应及时汇报财务经理，并积极查找原因。

（5）坚持打印现金日记账。

（6）妥善保管库存现金和现金支票。

（7）使用现金支票时，现金出纳应将支票交银行出纳逐项打印、填写，并在支票登记簿上记录经济业务事项的金额、内容，同时嘱咐经办人签名。

（8）熟悉外币和人民币特征，熟悉反假币知识和兑换残币标准，正确处理假币业务和残币兑换业务。

2. 出纳专业礼仪服务效率要求

按照安全、准确、高效的总体要求，根据当地现金流通的规律特点、票面大小比例、币质新旧残损程度等，结合本行业务人员的专业技术熟练程度等情况，参考总行三级以上技术能手标准，制定切实可行、高效率的限时礼仪服务规范。在保证点数准确、判明真假、符合操作程序的前提下，规定办理每笔业务的限制时间，并向客户公开，接受客户监督，超过限时给予相应的处罚。

对长期达不到限时礼仪服务最低标准者，应下岗培训或调整岗位，以保证服务效率。

（四）会计专业礼仪服务

1. 会计专业礼仪服务质量要求

会计专业礼仪服务的质量要求是：严格制度，严格操作，强化监督，规范管理，减少差错，提高礼仪服务质量，保证国家和客户账款安全。会计核算差错率应控制在千分之零点五以内。

（1）各营业机构会计主管要在柜台外值班，接待客户咨询，指导客户办理业务，督促会计人员进行规范礼仪服务。

（2）接柜员受理业务时，要认真审查凭证的真实性、合法性、完整性，杜绝无效凭证、有缺陷凭证进入核算流程。

（3）对客户交存的密押、钢印有误的凭证要主动进行查询，对不规范的凭证可请客户重新填制。

（4）记账员要认真审查凭证的账号、户名是否一致，杜绝记账串户。

（5）凡对外签发的票据、单证必须保证礼仪服务质量，防止因错、漏、不清而影响资金按时进账。

（6）严格遵守对外营业时间，凡在营业时间内受理的凭证必须及时处理，不得以任何理由延压至次日。

（7）网内交换业务必须在规定时间内办理，特殊情况应与委托行联系后办理。

（8）办理业务坚持"先外后内，先急后缓"原则，客户临柜时，接柜员应先接待客户再处理手头上的其他内部业务。客户向会计主管或有关人员咨询时，应先接待客户再处理其他工作。接待外行来函来电查询时，应马上查明情况，及时回复，不得以任何理由拖延。

（9）客户对我们工作提出问题要求时，必须认真研究，及时答复，尽力帮助解决，不得随意推诿敷衍。

2. 会计专业礼仪服务效率要求

在办理结算业务，提取现金，查询账户、余额，以及客户询问与会计业务相关的其他业务时，要做到严格遵守金融法规，确保会计业务准确无误。

（五）信贷专业礼仪服务

1. 信贷专业礼仪服务质量要求

信贷专业礼仪服务的要求是：遵守国家金融政策法规，严格制度，严格操作，规范管理，减少风险，提高信贷资产礼仪服务质量。

（1）熟悉金融政策、法规、制度，了解银行资金运行情况，贯彻执行信贷政策、原则，依法办理贷款抵押、担保、收息。

（2）坚持"先外后内、先急后缓，先一线后二线"的原则，不推诿，不扯皮，当日事，当日完。

（3）各项贷款要符合国家产品、产业政策，适时调整信贷结构，优化信贷资产质量，支持企业发展，体现流动性、安全性、效益性。固定资产贷款必须严格执行国家投资计划。

（4）各项贷款要严格按照程序和权限审批。贷款调查人员要做好贷款调查评估，发现问题及时上报。贷款审查人员要认真审查贷款风险度，避免决策失误。贷款检查人员要加强对贷款的监督和管理。

（5）督促和监督贷款企业合法有效地使用信贷资金，采取有效措施帮助企业改善经营，提高效益。

（6）对亏损企业要加强调查研究，做好耐心细致的工作，制定相应的办法和措施，帮助企业扭亏为盈。

（7）贷款企业资料要齐全，手续要完备，抵押担保要合法有效。

（8）贷款台账要设置齐全，报表数字要准确，上报材料内容要完整、真实。

2. 信贷专业礼仪服务效率要求

对受理的贷款申请、客户询问、贷款展（转）期业务、新增贷款业务以及信贷规模指标使用与调整、发放，企业报送的报告文件，上级下达的收贷、收息任务，不准无故拖延、借故不办、推诿扯皮、刁难客户。要严格按照信贷政策原则办事，使信贷资产礼仪服务质量不断提高。

（六）公存专业礼仪服务

1. 公存专业礼仪服务质量要求

公存专业礼仪服务的质量要求是：要熟悉专业投资、企业贸易状态，严格遵守规章制度，认真完成各项任务。

（1）登门收款要双人办理，保证收到金额与企业交款额相符。杜绝长、短款等差错。

（2）存款员代理受理企业凭证要妥善保管，按时送交会计部门，防止丢失。

（3）建立存款大户业务档案，准确掌握分管账户资金来源、主要支付渠道、账户收支的基本规律及大额收支变化动态。

（4）存款大户日均存款分析预测准确率达到80%以上。

（5）活期存款占比率达到上级要求。

（6）广泛收集、及时反馈存款信息，按时向行长及上级行有关部门报送各种报表，做到报表齐全不漏项，准确率达100%。

2. 公存专业礼仪服务效率要求

代理企业开立账户，受理凭证；按照企业要求办理贷款、承兑，查询账户存款、资金到位情况；办理结算信用卡、利率等与公存业务有关的业务。应及时应答，及时向行领导报告，积极与有关部门协商解决，并及时将协商意见反馈给企业。

为吸引更多的对公存款，要建立限时礼仪服务、超时赔偿工作制度，每笔业务、每项工作的具体规定由分支行根据公存业务的特点而定。

（七）信用卡专业礼仪服务

1. 信用卡专业礼仪服务质量要求

信用卡专业礼仪服务的质量要求是：要熟悉专业技能，严格遵守规章制度，严格操作规程，规范管理，减少差错，提高信誉。

（1）各种账、簿内容记载认真、齐全、规范，凭证合格率达到99.5%。

（2）保证账款礼仪服务质量安全，不违章操作，做到总分、账据、账卡、账实、账账核对相符，每天核打901账卡，保证总分相符。

（3）严格结算纪律，不准随意退回结算凭证，杜绝无理拒付，合理退回的要认真记录。

（4）及时准确提出同城行处票据交换，防止挂账和错提行处，并加盖行名、账号等，统一收费标准，杜绝漏收、错收。

（5）严格空白凭证管理，发售的重要凭证要认真进行登记，并加盖行名、账号等，统一收费标准，杜绝漏收、错收。

（6）办理业务时，要认真审查凭证的诸要素是否齐全、真实、合法。严禁印鉴不符、无效凭证付款和划出拒付款，操作人员防止漏记、错记，造成银行垫款。

（7）现金收付传票要印章齐全，大小写金额相符。

（8）严格遵守大额授权规定，防止恶意透支。

（9）公私印章做到"人离柜，章收起"，按规定保管使用。营业终了，抽屉加锁，账、簿、卡及重要凭证放入保险柜，防止丢失。

（10）按时向专业部门报送各类报表、数据资料，保证礼仪服务质量。

（11）杜绝漏款、漏箱、漏包等事故。

2. 信用卡专业礼仪服务效率要求

在办理信用卡申请、资信调查、存款、取款、授权、挂失、转账结算、支票、汇票、咨询、查询及其他信用代理业务时，要做到及时、方便、准确、安全。要严格执行发卡、用卡规章制度，建立限时礼仪服务、超时赔偿工作制度。不断提高信用度，扩大知名度，使本行信用卡业务在本地区同行业中居于领先地位。具体规定由分支行根据信用卡业务的发展情况而定。

（八）国际外汇专业礼仪服务

1. 国际外汇专业礼仪服务质量要求

国际外汇专业礼仪服务的质量要求是：要熟知国际惯例和国家外汇管理规定，精通业务，严格执行规章制度和操作规程，增强风险意识，保证资金安全，维护银行声誉。

（1）进口结算要认真审查企业进口开证的有效文件和资金落实情况，保证按时付款，避免银行垫款损失。

（2）严格审查信用证项下来单。履行第一付款人的权利和责任，依据国际惯例处理与客户、与各国外银行的关系。

（3）出口审单要做到"单单一致，单证一致"，保证收汇安全，对到预定期限仍未收回的款项要及时查询，对国外银行的无理挑剔和迟付，要依据国际惯例据理力争，维护国家利益。

（4）汇款和结售汇业务要严格审查企业的有效文件和单据，填制"进口付汇核销单"，并及时按照规定给企业核销，保证外汇资金使用合规合法。

（5）代理行的使用要本着平等互利、相互尊重、业务均衡的原则，在相互往来的函电中，体现有理、有利、有节，维护国家利益，维护银行形象。

（6）联行、代理行密押要由政治思想好、责任心强、工作认真的同志负责，不能丢失。出门密押坚持复核制。密押人员、发报人员和业务经办员要各司其职，不得兼代，出门函电要经总经理（科长）签署。

（7）汇入款项如未明确受益人，在七个工作日内与汇款行联系查询，三个月查找仍无着落，则按原汇入路线退回。

（8）不得压票压单，所有业务须在合理时间内完成。一项业务需要经过两个以上流程，必须有交接手续。

（9）在业务处理过程中，要本着先外后内、先急后缓的原则，对代理行、兄弟行处和客户的查询、咨询和业务需求，需热情、及时、准确答复。如不明确或超权限，需逐级向上请示汇报。

（10）新入行人员必须经过培训和考核合格，否则不准上岗。

2. 国际外汇专业礼仪服务效率要求

在受理一般结算、转账业务，办理内部、外部析借和押，出口收汇催收业务，电汇业务，私人汇款业务，三资企业委托外汇买卖业务，外汇资产负债日报及人民币负债五日报表业务，外汇牌价传真、外汇存款利率调整等国际业务时，要严格按照有关国际业务的政策原则办事，做到准确、安全、高效。要建立限时服务、超时赔偿工作制度。各分支行可根据国际业务的性质、特点、办理业务具体情况制定具体规定。

二、金融行业服务用语规范

金融行业服务用语规范的总体要求是：称谓得体、语义明确、用语贴切、语气谦和。使用普通话和文明用语，杜绝服务禁语的出现，逐步普及银行日常礼仪服务用语。

（一）储蓄专业

1. 储蓄专业礼仪服务用语

（1）"库包未到，请您稍等。"

（2）"请您到×号柜台办理。"

（3）"请您用钢笔填写凭条。"

（4）"您的凭条×项填写有误，请重填一张。"

（5）"您的现金有误，请重新点一下好吗？"

（6）"请您慢慢回想密码，不要着急。"

（7）"请出示您的身份证、户口簿。谢谢您的合作。"

（8）"请收好您的现金或存折。"

（9）"请稍等，我马上重新给您计算一下利息。"

（10）"对不起，现在机器有故障，请稍等。"

2. 储蓄专业礼仪服务禁语

（1）储户询问利率时，禁止说：

"墙上贴着呢，你不会看吗？"

"不是告诉你了吗，怎么还不明白。"

"有完没完。"

（2）办理储蓄业务时，禁止说：

"存不存，要存（取）快点。"

"钱太乱，整好再存。"

"哎，喊你没听见吗？"

"没零钱，自己换去。"

（3）客户刚办理存、取款业务，又要求取、存钱时，禁止说：

"刚存（取）怎么又取钱。"

"以后想好了再存（取）。"

"净找麻烦。"

（4）客户办理提前支取时，存单与身份证姓名不一致时，禁止说：

"你自己写错了怨谁。"

（5）储户对利息提出疑问时，禁止说：

"利息是电脑计算出来的，还能错？"

"银行还能坑你吗？"

"不信找人去算。"

（6）业务忙时，禁止说：

"急什么，看不见我正忙着。"

（7）临近下班时，禁止说：

"结账了，不办了。"

（8）机器（线路）出现故障时，禁止说：

"我有什么办法，又不是我让它坏的。"

"我也不知道什么时间能修好。"

"到别的所去取钱吧。"

"明天再来吧。"

（9）发现假币时，禁止说：

"我一眼就看出来了，还能坑你吗？"

（10）客户提出批评时，禁止说：

"就你事多，我就是这样。"

"你能把我怎么样！"

"有意见找领导，上告去，不怕你。"

（二）出纳专业

1. 出纳专业礼仪服务用语

（1）"请稍等，我马上帮您查询。"

（2）"请您到××号柜台查询。"

（3）"请您按照要求逐项填写凭证。"

（4）"请您注意填写大小写和票面张数。"

（5）"您的款项有误，请重新点一下好吗？"

（6）"您的现金中有假币，按照人民银行规定应当没收，谢谢合作！"

（7）"请问兑换辅币面额分别是多少？请您填好兑换单，我马上给您办理。"

（8）"您兑换的残币不够全额标准，只能换×元。"

（9）"请稍等，我马上将传票送会计科。"

（10）"请问提款金额是多少？"

（11）"请您把款项点清收好。"

（12）"请您报提现金计划。"

（13）"马上联系，尽量满足您的需要。"

（14）"对不起，现在机器有故障，请稍等。"

2. 出纳专业礼仪服务禁语

（1）客户询问交款事宜时，禁止说：

"我不清楚，我不知道。"

（2）客户来交款时，禁止说：

"你怎么连规矩都不懂。"

（3）客户填错交款单时，禁止说：

"你怎么搞的，填错了，重填。"

（4）客户办理交款业务时，禁止说：

"你的钱太乱了，整好再交。"

（5）客户走错柜台时，禁止说：

"你没看见牌子吗？到那边去。"

（6）客户兑换残币时，禁止说：

"不能。"

（7）办理付款业务时，禁止说：

"哎，喊你没听见吗？"

"钱不够了，没钱了。"

（8）机器出现故障或停电时，禁止说：

"你急什么，明天再来吧。"

（9）临近下班时，禁止说：

"不收了，明天再来吧。"

（10）发现假币时，禁止说：

"我一眼就看出来了，我还能坑你吗？"

（11）客户提出批评时，禁止说：

"就你事多，我就是这样。"

"你能把我怎么样？"

"有意见，找领导上告去，不怕你。"

（三）会计专业

1. 会计专业礼仪服务用语

（1）"请问，您办理什么业务？"

（2）"请您将凭证内容填好。"

（3）"请到××号柜台办理。"

（4）"请出示您的证件和单位账号。"

（5）"请您审查汇票内容。"

（6）"请您将印鉴盖清晰。"

（7）"请收好您的印章（凭证、回单、对账单、账簿、支票、密码清单等）。"

（8）"请您签收退票。"

（9）"请您单位及时与银行对账。"

（10）"请您妥善保管营业执照和开户申请书。"

（11）"请您到人民银行办理账户审批手续。"

（12）"您单位的汇款未到，请留下地址和电话号码。"

（13）"请您及时到银行取回托收或委托承付通知。"

（14）"请您单位及时将托收或委收五联及附件交送银行办理退托。"

（15）"请您出示拒付的有关证明及资料，谢谢合作。"

（16）"你单位出具的拒付理由不恰当，银行无法受理，请谅解。"

（17）"对不起，现在机器线路发生故障，请稍等。"

（18）"您填写的凭证××项内容有误，请重新填写。"

（19）"请您多提意见！"

2. 会计专业礼仪服务禁语

（1）客户询问结算事宜时，禁止说：

"我不知道！"

"不归我管，怎么还问？"

"不是跟你说了吗？有完没完！"

（2）客户持证查询账户余额时，禁止说：

"不行，机器忙着呢。"

"天天查，真烦人。"

（3）客户办理业务走错柜台时，禁止说：

"没看见牌子吗？那边去。"

（4）客户填错凭证时，禁止说：

"怎么搞的，错了。"

"怎么写的，重填。"

"不会填写，你不会问吗？"

（5）业务忙时，禁止说：

"急什么，等着吧。"

"没看见我正忙着吗！"

（6）机器（线路）有故障时，禁止说：

"明天再来吧。"

（7）客户购买凭证时，禁止说：

"没有了，不能买。"

（8）客户缺少回单、对账单查询时，禁止说：

"不是我的事，找专柜去。"

"我也没办法，自己找，等着吧。"

（9）临近下班时，禁止说：

"谁叫你来这么晚，结账了，不办了，明天再办。"

（10）客户提出批评意见时，禁止说：

"就你事多，我就是这样。你能把我怎么样。"

"有意见，找领导上告去，不怕你。"

（四）信贷专业

1. 信贷专业礼仪服务用语

（1）"请问，您办理何种贷款？"

（2）"请问，有担保单位同意为你们担保吗？"

（3）"此项贷款待调查论证后再答复您。"

（4）"请稍等，待请示行长（科长）后答复您。"

（5）"此项贷款上级有规定不能办理，请理解。"

（6）"您单位近期经营效益如何？"

（7）"请您提供有关报表或数据。"

（8）"请您单位保证专款专用。"

（9）"请您单位按期归还贷款，偿还利息。"

（10）"谢谢合作。"

2. 信贷专业礼仪服务禁语

（1）客户询问信贷业务时，禁止说：

"不知道（不清楚）。"

（2）客户联系贷款时，禁止说：

"我说了不算，找上级去。"

"你单位效益这么差，还想贷款！"

（3）客户办理贷款手续时，禁止说：

"办了几次了，怎么还不明白。"

（4）客户询问贷款利息时，禁止说：

"不知道，不会算。"

（5）到企业调查了解情况时，禁止说：

"派车来接。"

"厂长（经理）为什么不出面？"

"让你们领导×点等着我。"

（6）临近下班时，禁止说：

"下班了，明天再来吧。"

（7）客户提出批评时，禁止说：

"你能把我怎么样!"

"有意见找领导,上告去,不怕你!"

(五) 公存专业

1. 公存专业礼仪服务用语

(1) "您好,银行能为你们提供快捷、方便的结算服务。"

(2) "银行资金实力雄厚,能为你们解决急需用钱的问题。"

(3) "欢迎您到银行办理存、贷款、结算业务。"

(4) "我们为您上门服务。"

(5) "经查询你单位账目无误,存款余额为××元。"

(6) "请放心,你们的困难我们理解,我们将帮您解决。"

(7) "你们的建议很好,感谢对银行的支持。"

(8) "你们的批评意见很好,感谢对我们工作的支持。"

(9) "不用客气,这是我们应当做的工作。"

(10) "谢谢合作。"

2. 公存专业礼仪服务禁语

(1) 客户要求查询账目时,禁止说:

"没时间,不能查,有空再说吧。"

(2) 客户询问结算业务时,禁止说:

"我不懂(不会)。"

"不是给你说了吗? 怎么还不明白。"

(3) 企业提出贷款要求时,禁止说:

"这事不归我管,办不了。"

"你去找领导吧。"

(4) 企业要求帮助收款时,禁止说:

"我们忙,没时间,去不了。"

"这是你们的事。"

(5) 客户提出批评意见时,禁止说:

"就你事多,我就是这样。"

"你能把我怎么样。"

"有意见找领导,上告去,不怕你。"

（六）信用卡专业

1. 信用卡专业礼仪服务用语

（1）"请问，您办理何种信用卡业务？"

（2）"请您到×号柜台办理。"

（3）"请放心，我们为您上门服务。"

（4）"请放心，我们的信用卡已实现全国联网。"

（5）"请您出示证件。"

（6）"请您把凭证×项重新填好。"

（7）"请稍等，我们正为您查询对方是否授权。"

（8）"请您按期归还透支款项。"

（9）"请您及时补充信用卡存款。"

（10）"请您保存好信用卡。"

2. 信用卡专业礼仪服务禁语

（1）客户询问信用卡业务时，禁止说：

"我不知道。"

（2）客户办理业务走错柜台时，禁止说：

"没看见牌子吗？到那边去。"

（3）客户填错凭证时，禁止说：

"怎么搞的，填错了，重填。"

（4）客户存款（取款）时，禁止说：

"钱太零乱，整好再办。"

"没钱了不能取。"

"就这种票面的钱，爱要不要。"

（5）客户提出批评意见时，禁止说：

"就你事多，我就这样。"

"你能把我怎么样。"

"有意见找领导，上告去，不怕你。"

（七）国际外汇专业

1. 国际外汇业务礼仪服务用语

（1）"欢迎来银行办理国际外汇业务。"

（2）"请问，您要办理何种业务？"

（3）"请出示您的证件。"

（4）"请放心，我们为您保密。"

（5）"请稍等，马上为您查询外汇牌价。"

（6）"请您填写凭证。"

（7）"请您及时来银行查对账目款项。"

（8）"此项业务有政策规定不能办理，请理解。"

（9）"请稍等，机器线路有故障。"

2. 国际外汇业务礼仪服务禁语

（1）客户办理私人外币调剂时，禁止说：

"我们这里不兑换，到中国银行去吧。"

（2）客户办理存现钞时，禁止说：

"还得抄写号码，太麻烦了。"

"钞转汇的差价是按牌价算的，我也不清楚。"

（3）客户要求查询汇入款时，禁止说：

"我们没有收到，无法查询。"

（4）客户要求付汇时，禁止说：

"我们已经付了，收到收不到，我们也不知道。"

（5）客户办理电汇款项时，禁止说：

"手续不齐，不能办。"

（6）客户缺少回单时，禁止说：

"自己找去。"

"不是我办的，谁办的找谁去。"

（7）客户查询账目时，禁止说：

"不行，正忙着呢。"

"自己的账，你心里还没数？"

（8）机器（线路）出现故障时，禁止说：

"我不知道多会儿能修好。"

"明天再来吧。"

（9）临近下班时，禁止说：

"下班了，不办了。"

"怎么不早点来。"

（10）客户提出批评意见时，禁止说：

"就你事多，我就是这样。"

"你能把我怎么样！"

"有意见找领导，上告去，不怕你。"

应该指出的是，随着银行劳动组织结构的变化（如实行综合柜员制等新的劳动组织形式），以及现代科技手段在银行的不断应用所引起的银行办理业务的形式和种类的变化（如使用 ATM、办理电话银行、客户自助银行等），银行礼仪规范服务的内容将被赋予新的内涵，需要不断探索，不断充实服务的内容和规范。

延伸阅读

[1]　李莉.现代金额礼仪规范[M].长沙:湖南科学技术出版社,2015.

[2]　牛静.现代金额业服务礼仪[M].北京:中信出版社,2011.

[3]　刘喜民.金额营销与商务礼仪[M].重庆:西南师范大学出版社,2015.

视频链接

1. 宣汉农商银行员工服务规范。https://v.qq.com/x/page/x0534tzatt2.html。

2. 银行柜面服务礼仪与销售能力提升。https://v.qq.com/x/page/w0518jx2tiw.html。

第五章 主要服务行业礼仪规范（二）

　　"一切以服务为宗旨"是现代销售活动的出发点和立足点。随着中国经济的蓬勃发展，服务行业的竞争日益激烈，"人"作为服务活动的核心，在企业的市场竞争中起着关键性的作用。因此企业要立于不败之地，则需要培养和训练出高素质的服务人员。本章将以汽车销售、交通运输、旅游等行业的服务流程为基础，阐释服务过程中礼仪的规范化要求。

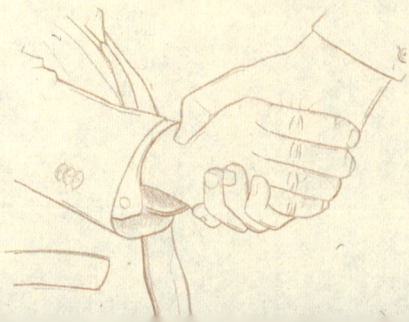

第一节　汽车销售行业服务礼仪规范

💬 案例导入

　　某一天，某汽车品牌4S店走入一名顾客。进入展厅之后，客户围着整个展厅转了一圈，然后在一款车前停住，不说话，抱着肩也不提问。营销人员小王见状急忙走向他说："先生，这款车是26.9万元，你想花多少钱买车呢？"先生没有回答。小王一边上下打量着顾客，一边用手指向旁边的另外一款车，说："先生，我觉得这款车很适合你开。"先生苦笑了一会儿，说："我是为我太太选车。"小王有些不好意思，说："如果是帮你太太选车，那还是前面那款吧"。只见这位先生说了一句："那我还是改日再来吧。"转身就离开了。这个时候展厅又来了另外的客户，小王只是说了一声"好吧！"就急忙去招呼新来的客户了。先生看着小王的背影，一脸无奈地走开了。这位先生为什么会无奈地离开呢？他下次还会来这家汽车品牌4S店购车吗？

一、汽车销售行业服务流程礼仪

　　4S店展示汽车销售是按照汽车销售流程来进行的，营销人员不仅需要遵循每个环节的流程，还必须注重每个环节的礼仪规范和服务标准，才能使客户有高品质的服务体验，使顾客满意。那么，如何赢得对方的信任、好感就成为每一名销售人员需要研究的课题。

　　因此，作为一名汽车销售人员，要熟悉销售的整个流程，掌握各个环节的要求和礼仪规范，这样才能减少工作失误，赢得更好的销售业绩。

汽车4S店内景

　　在本节的学习中，我们将从4S店展示汽车销售的各个环节入手，帮助大家了解汽车销售岗位对营销人员的礼仪规范要求。同时，加深大家对汽车营销顾问岗位职责和规范的认识。

当今社会，中国的各个品牌的汽车销售活动多以4S展厅为主要经营场所，汽车销售人员的营销活动也大多是围绕展厅进行的。4S店的4S是指什么呢？它是一种"四位一体"的汽车特许经营模式，包括销售（sale）、配件（sparepart）、售后服务（service）、信息反馈（survey）。4S店是由汽车生产厂家授牌允许的品牌专卖店，它拥有统一的外观形象、统一的标识、统一的管理标准，只经营单一的品牌。它是一种个性突出的有形市场，具有渠道一致性和统一的文化理念。目前已经成为汽车工业发展的重要组成部分。

4S店是1998年以后才逐渐由欧洲传入中国的。由于它与各个汽车厂家之间建立了紧密的产销关系，具有购物环境优美、品牌意识强等优势，一度被国内各汽车品牌生产厂家效仿。当然，现在也有6S店一说，除了上面表述的4S，另外还包括个性化售车（selfhold）、集拍（sale by amount，即集体竞拍，购车者越多价格越便宜）。

4S汽车销售店的服务流程总体来说可以分为9大步骤：开发客户、展厅接待、需求分析、产品介绍、试车试乘、价格协商、签约、交车、售后跟踪。在9大步骤里，以需求分析、产品介绍和售后跟踪最为重要。

（一）开发客户

1. 汽车销售客户开发的意义

目前，汽车销售行业的竞争日益激烈，无论是汽车品牌、型号、价格、舒适度，还是服务的质量和售后的保障，可供顾客选择的范围越来越多。很多销售人员都非常热爱销售工作，但是他们会觉得离开了客户开发也可以生存、也可以将销售进行下去，因为客户会自己找上门来的。殊不知，现今的汽车消费市场已经非昔比了，尤其是终端客户的销售。同时，还有一个更重要的隐形因素，那就是销售人员从心理上无法接受客户的冷漠与拒绝。

假如销售人员在接待客户的时候爱理不理，顾客来了不问候、不招呼，并且对客户交代的事情拖拖拉拉，对客户的意见置之不理，其结果必然导致客户离开。所以，在展厅接待这个环节，将介绍在客户开发过程中销售人员应当如何规范自己的言行，达到展厅的服务标准和礼仪标准。

客户开发工作是汽车销售工作的第一步，通常来讲是汽车销售人员通过市场扫街调查初步了解市场和客户情况，对有实力和有意向的客户重点沟通，最终完成目标区域的客户开发计划。客户开发的前提是确定目标市场，研究目标顾客，从而制定客户开发市场营销策略。营销人员的首要任务是开发准客户，通过多种方法寻找准客户并对准客户进行资格鉴定，使企业的营销活动有明确的目标与方向，使潜在客户成为现实客户。

2. 客户开发的礼仪

汽车销售人员在去拜访客户之前一定要有充分的准备，这是取得拜访成功的前提条件。播种与收获法则告诉人们"你播种什么，就会收获什么"。这也是职业销售人员的至理名言。汽车销售人员在直接拜访顾客前要做的准备工作包括：仪容仪表、寒暄问候、适度微笑、合适的坐姿和交换名片。不仅如此，了解顾客的情况，把握顾客的需求，也是拜访之前营销人员必须准备的。

不久前，汽车销售顾问刘红从朋友那打听到，4S 店展厅不远处的某工厂的人力资源王经理打算购买一款 A 品牌的轿车。刘红费了很多心思，终于约到王经理。但是在与王经理的交流中，刘红显得很不自然，总是觉得无话可说，往往是说了上一句话之后，却不知道下一句应该说什么，结

展厅接待新顾客

果非常冷场，两人都非常尴尬。自然，拜访结束了，这位王经理根本没有兴趣了解刘红介绍的产品，更别说购买了。

在汽车营销活动中，营销人员经常会以拜访的方式来开发新客户，怎样才能让被拜访者认同所介绍的汽车品牌的文化和价值呢？怎样才能在沟通中建立信任，使客户在接受产品之前，先接受营销人员呢？

（1）仪容仪表。男士发型前不遮额、侧不掩耳、后不及领，女士以盘发为佳，保持发型整洁，无头屑，不染发，不留奇异发型；眼内无眼屎、无睡意，不带突兀的美瞳隐形眼镜，眼镜务必保持洁净；耳鼻内外保持干净，鼻毛不外露，女士不戴过于夸张的耳环；男士胡子修剪干净；男士会客时不嚼槟榔或者口香糖，女士不用深色或艳色口红；保持脸部洁净，女

士可以化淡妆；手部洁净，不留长指甲，美甲不宜过于夸张；服饰要求详见第三章。

（2）寒暄问候。握手是最普遍的社交礼仪，也是表达礼貌的方式之一。它可能是你留给对方的第一印象的关键。初次见面握手是一种友好的表示，但握手的礼仪也不容忽视。不是随便握一下手就是礼貌的表现，如果这一环节处理不当的话，难免会让自己陷入尴尬的境地。

见面握手时，要防止有气无力的握手方式，同样，霸道地用力握住对方的手也绝不可取。握手最好点到为止，遵循"尊者优先决定"的原则。

握手的正确方法是在介绍之后、互致问候的同时，双方各自伸出右手，彼此之间保持一步左右的距离，手掌略向前下方伸直，拇指与手掌分开，其余四指自然并拢，握手时两人伸出的掌心都不约而同地向着左方，然后用手掌和五指与对方相握。伸手的动作要稳重、大方，态度要亲切、自然。右手与人相握时，左手应当空着，并贴着大腿外侧自然下垂，以示用心专一。

营销人员微笑服务

（3）适度微笑。微笑是销售人员与客户交往时的"公务名片"，面对客户时，要养成微笑的良好习惯。微笑要发自内心，自然大方，切不可皮笑肉不笑、假笑或者笑得生硬虚伪。注视客户的双眼有时表达自己的全神贯注，有时表达自己正在洗耳恭听。

（4）合适的坐姿。轻轻入座，落座时，只坐椅子前端的三分之二。坐在椅子上时，不能把脚架在椅子扶手上或用力向下、向后缩在椅子下面。对女性而言，女性落座后背部需与椅背至少有一拳的距离，上身要端正，背要挺直，两腿应紧闭，两膝并拢，双腿也可叠放，但不能翘起脚尖，更不能冲向别人。男性落座同样坐椅子前端三分之二，后背挺直，双腿自然张开，给人一种很有气势、自信、豪迈的感觉，同时双手自然落于膝盖处。

营销人员坐姿服务

（5）交换名片。交换名片时应该注意准备整齐、交换时机、动作细节和收取方式等礼仪。准备整齐是指自己的名片一定要进行精心的准备，当要使用的时候一定要快速地呈现出来，可以很好地进行拿取。注重交换时机是指在很多的场合下时机不到，不可硬性地去交换名片，最好在恰当的交换时机，把名片拿出来，进行传递。可以把名片先给对方，也可以等对方先给你，如果对方的级别更高，则等对方先发名片后自己再发。自己的名片一定要保持整洁，不能出现折痕或者涂抹的现象。给名片一定要双手传递，名片的字面一定向着对方，让对方拿到手就可以看清，接名片也一定要站起用双手接。

（6）其他准备工作。约见客户之前一定要做好客户相关信息的准备工作。包括客户的个人资料、公司资料、产品手册、地图、记录用品及空白合同等。约见客户前也要做好时间准备，什么时间可以去约见客户，约见的时间有多长，并且对预约客户的身份在出发前要进一步确认。

（二）展厅接待

1. 展厅接待的目的

通常情况下，顾客有购车意愿时，会选择来4S店看车咨询。如何让客户体验到"宾至如归"的服务理念和品牌形象，是4S店汽车销售人员所要面对的挑战。接待环节最重要的是主动与礼貌。销售人员在看到有客户来访时，应立刻面带微笑主动上前问好。如果还有其他客户随行，应用目光与随行客户交流。展厅的舒适环境、接待人员的热情周到，使顾客有在展厅逗留的愿望，并且想与销售人员建立联系，这对增强顾客对汽车品牌、公司文化和个人的信任，为达成交易起到铺垫作用。

2. 展厅接待流程及礼仪标准

汽车销售人员如何接待才能让顾客满意，怎样才能够有礼、得体地服务，具体的做法和标准有哪些呢？虽然不同的4S店有不同的做法，但是，体现对顾客的尊重是各4S店共同追求的目标。

（1）客户进入展厅前。当客户进入4S店展厅前，值班保安要对来访客户表示问候和致意，并要为客户指引展厅入口。如果客户是开车来店的，值班保安要引导客户将车辆停放到停车场，并安排工作人员为客户擦洗车辆。如果下雨的话，值班保安要主动拿出雨伞出门迎接客户。4S店展厅接待流程起始于此，汽车销售顾问要做好汽车销售工作，也就必须从这里开始做好。

（2）客户进入展厅。这是4S店展厅接待流程中汽车销售顾问与客户接触的开端。当客户来到4S店展厅时，值班汽车销售顾问要走到展厅门外去迎接客户，要主动跟客户打招呼，对客户的到来表示热烈欢迎，并帮助客户打开展厅大门。注意切不可依据衣着、姿态、面部表情、肤色等评估顾客的购买能力。打招呼时要注意保持微笑，适时地向顾客介绍自己："先生（小姐），您好，我是销售顾问×××，请问有什么可以帮助您的吗？"在适当时机递上自己的名片，礼貌地请教客户的称谓，询问客户的来访目的。

（3）引领客户去展厅看车。客户休息好了后，汽车销售顾问应引领客户去4S店展厅参观，并在客户身旁为其做产品的介绍。如果客户希望自由参观，汽车销售顾问则应告知客户自己在旁等候，并与客户保持一定的距离，关注客户的举动。当客户对展厅商品有所兴趣时，汽车销售顾问应主动上前服务。这是4S店展厅接待流程中一个重要的阶段。

（4）与客户洽谈。邀请客户就近入座，并立即安排好茶水饮料等。汽车销售顾问在征求客户同意后可在客户侧面落座。与客户交谈时，要随时关注客户的同伴。汽车销售顾问在执行4S店展厅接待流程时，必须让客户感到服务人员的亲切和友好。

（5）送客户离去。当客户要离开时，汽车销售顾问应提醒客户检查是否遗漏随身携带的物品。当客户确认无遗漏物品后，汽车销售顾问应送客户到展厅门外，对客户的惠顾表示感谢，并欢迎客户再次光临。除此之外，汽车销售顾问还应微笑着目送客户离去。值班保安也应向客户敬礼致意道别。如果客户是开车前来的，汽车销售顾问应陪同客户至车辆旁边，值班保安也应提醒客户道路状况，并为客户指引方向。4S店展厅接待流程是一连串的，每一个环节及细节都不能忽略。

（6）客户离去后。在客户离去后，汽车销售顾问要整理好客户信息，另外，还要对展厅进行整理，将展厅恢复原状。到此为止，4S店展厅接待流程就结束了。

（三）需求分析

1. 需求分析的目的

顾客的需求可能是多方面的，顾客可能希望通过购车来提升身份，可能是为了运输，可能是以车代步，可能是圆梦。汽车营销人员要根据需求分析切实了解顾客购买汽车的需求特点，为其推荐、展示产品和最终的价格谈判提供必要的信息支持。

2. 顾客需求分析

需求咨询很能考验一个销售人员的业务功底。这个时候，汽车营销人员一定要热情、真诚地体现出 100% 为客户着想的态度，咨询要尽可能地详细。如"以前有没有驾过车""车龄有多长了""以前用的是什么车""购车最看中汽车的哪方面性能""您是从事什么工作的""您的车主要是做什么用的""是自己用还是其他人用""希望购买多少钱的车""您是通过什么方式了解到我们公司的""除了本车型外，您还会考虑其他车型吗"等。

通过询问，汽车营销人员大致可以知道客户的需求是什么，当然在咨询的过程中，还可以了解客户的一些个人业余爱好，适当地利用这个话题来表示对客户的独特关怀，将更有利于客户接受汽车营销人员的意见，客户也会更加信任汽车营销人员。在咨询的时候，对于有兴趣购车的客户，记住客户的名字并亲切地称呼他，将会拉近汽车营销人员与客户的距离。如果客户是几个人一起来的（如情侣），不要冷落车主的另一半，适时地和他（她）交谈并考虑他（她）的意见，将会受到客户较高的评价和好感。有些客户还带了小孩子，照顾好小孩子，让小孩子感到亲切，也会加强客户对汽车营销人员的好感。交谈时注意不要一个人滔滔不绝，应更多倾听客户的需求，必要时还应该用笔记录下来。

当然，汽车销售人员会遇到各种不同的客户。大体来讲，可以分为 4 大类：低素质，低意愿（R1）；低素质，高意愿（R2）；高素质，低意愿（R3）；高素质，高意愿（R4）。针对这四种类型的客户，我们有相应的四种销售风格来应对。它们分别是高传统，低顾问（S1）；高传统，高顾问（S2）；低传统，低顾问（S3）；低传统，高顾问（S4）。

（四）产品介绍

1. 新车展示目的

新车展示的目的是指为了促成交易，通过汽车营销人员细致有效的产品说服和异议处理来解决顾客对产品以及服务的困惑和问题，它通过全方位展现汽车来凸显品牌特点，使顾客近距离感受汽车，带来视觉冲击，确信产品物有所值。

新车展示应尽可能地根据顾客的需求分析来答疑解惑，介绍顾客感兴趣的特点和优点，以实现销售目的。

2. 新车展示的程序和方法

（1）产品介绍程序。在新车展示环节，汽车营销人员应采用六方位绕车法向顾客全方位介绍车辆。这里所说的"六方位绕车介绍法"是指汽车销售人员在向客户介绍汽车的过程中，围绕汽车的车头、车侧方、车后座、车尾、驾驶室、引擎室六个方位展示汽车。

（2）六方位介绍的八大要领。遵循车头→车侧→后座→车尾→驾驶室→引擎室的介绍流程；视客户互动情况弹性调整或跳跃介绍；掌握动线引导手势与站立位置、肢体动作；扼要生动地介绍每一个功能的特色；介绍中保持探询，以满足需求为目的；对坐在前座的买家加强驾驶座介绍，对坐在后座的买家加强后座介绍；掌握几个主要卖点，避免重复说明；保留客户观赏与发问时间。

① 介绍车头：汽车营销人员应站立于车辆右前方，距离车辆 90 厘米，上身微向客户，距离客户 30 厘米。以手势展现车辆格局，引导参观车侧。车头处重点介绍汽车品牌、尺寸、造型。

② 介绍车侧：先站于右前轮外侧，距离车轮约 60 厘米。介绍车轮与刹车时视情况可以蹲下，以小指介绍组装之精密度，一手引导进入后座。

③ 介绍后座：介绍后座时要预先调妥前座，使后座更为宽敞。开车门引导顾客就后座，以手来示意车顶的高度，并示范中央扶手的功能。

④ 介绍车尾：汽车销售人员引导顾客站立于车尾左后方，距离车尾 60 厘米。指出倒车的警示位置，开启行李箱介绍，掀起备胎工具箱外盖。重点介绍车尾的造型特点（如形状规则、美观并且人性化）、车身附件、后挡风玻璃等。

介绍车尾

⑤ 介绍驾驶室：汽车销售人员应先打开车门引导入座，配合说明书指出各按钮位置。需要时可以俯身蹲下来为顾客介绍，介绍结束后按动引擎盖按钮。驾驶室需要介绍的内容有座椅和方向盘，如座椅的材质、包裹性、调整方向、调整距离，方向盘的触摸感觉，仪表显示的清晰度，布局的合理性等。

⑥ 介绍引擎室：汽车营销人员面带微笑，站于车头前缘偏右，掀开引擎盖，固定引擎盖支撑，以横越之手势呈现引擎，手指指出四油和三水的位置。向顾客介绍的内容有保险杠、散热格栅、前挡风玻璃等。

我们知道，每一款车的造型都有它与众不同的地方，如流畅明快的发动机盖线条、活泼俏皮的车灯、威武大气的保险杠……不过，在这个时候给客户讲太多的技术参数是不太好的，而应用言语给客户描述出一幅幅美丽壮观的画面，如高大的棕榈树、惬意的晚风。在客户还缺乏相应的品牌忠诚度的时候，告诉客户一些非正式信息也是促成交易的好办法。

（3）新车展示前的准备。新车展示前汽车营销人员应做好接待顾客的各种礼仪准备。包括：方向盘置于最高位置；所有靠背放直；驾驶员座椅尽量向后调，副驾驶座椅尽量向前调；座椅高度调到最低位置；调节收音机，准备 CD。

（五）试车试乘

1. 试车试乘的目的

所谓试车试乘，是指顾客在汽车经销商指定人员的陪同下，沿着指定的路线驾驶指定的车辆，从而了解这款汽车的行驶性能和操控性能。试驾是消费者了解一款汽车的重要途径。一辆汽车的外表再好，也是"给别人看的"，汽车的行驶性能和操控性能难以用数据来衡量，试车试乘也就成了多数消费者了解汽车操控性能的唯一途径。

同时，试驾还是经销商推销产品和服务的最好机会。一方面，试驾过程中很可能会使用音响、空调以及电动门窗、座椅调节等功能，销售人员此时可以很自然地向顾客介绍各种装备设置；另一方面，汽车营销人员也可以借此机会展示自己的专业素养，有心的汽车营销人员很容易在试驾服务过程中与竞争对手拉开差距。几乎所有的4S店都配有试驾车，这说明在汽车经销厂家看来，"优质试驾服务"树立的良好形象不容忽视。

2. 试车试乘前的准备

（1）试车前，汽车营销人员需要准备的必要资料包括车辆行驶证件、试车预约记录单、试车试乘协议单、顾客驾驶资格证。

（2）试车前的注意事项：首先要确认车辆的状况是否与选定的车辆一致，车门开启是否灵活，电动玻璃升降是否顺畅，角落边缘是否有擦痕，座位是否干净整洁，车胎面是否干净等。汽车营销人员不要相当然地认为顾客都具备驾驶执照，一定要在试驾前了解清楚。同时要确认好试车路段的交通状况，试车最好由有开车经验的人陪同，在试车前要签订试车试乘协议。

3. 主动邀请顾客试车试乘

试乘试驾的第一项就是邀请客户，汽车销售人员可以用以下方式邀请顾客试车试乘："如果您喜欢这款车，可以进行试乘试驾。""这是我们的最新车型，性能非常好，先生您可以进行试乘试驾。"试乘试驾能够让消费者对车型有直观的了解，同时可以帮助销售顾问筛选意向客户。如果客户主动提出试乘试驾，或者接受了销售顾问的邀请，那么说明他已基本看中了此款车型，只要试乘试驾满意，成交的概率非常大。

4. 试车试乘中

开始试驾时，可以先由汽车营销人员开一段路程，边示范边讲解，让顾客充分感受车的优势，再选择安全地带交换。顾客试驾时，主动提示指引路线让顾客专心驾驶，及时提醒顾客注意安全，为顾客创造轻松的试驾环境；起步前建议打开车窗，行驶稳定后关闭车窗，营造行驶噪声由大到小的过程，让顾客充分感受车身密闭性；不失时机地称赞顾客的驾驶技术，让顾客自由体验试驾乐趣；点明体验感觉，有步骤地引导顾客认同产品的性能与配备；避免此时进行卖点介绍，避免用数据介绍，以免分散客户注意力；观察顾客驾驶的熟练程度，及时终止试驾，预防危险发生。

汽车销售顾问刘红最近有些郁闷，因为她碰到了这样一件事情。她早几日约了一名顾客前来试车，顾客一家人都来了。丈夫坐在前面开车，刘红坐在副驾驶位置，顾客的太太抱着小孩坐在后座。车到大路口遇到红灯，顾客一脚急刹车踩上去，结果他的太太和孩子的脑袋磕在前面的"枕头"上，孩子吓得哇哇大哭。夫妻俩本来很开心，结果因为这个大吵了起来，弄得很不愉快，眼看着要签约的购车合同也就这样没签成。

5. 试车试乘后

引导客户将车停放在试乘试驾车停放区域；汽车销售顾问应先下车，主动替客户开车门，提醒客户带好随身物品；主动引导客户返回展厅洽谈桌入座，并根据用户需求奉上饮料；请客户填写《试乘试驾意见调查表》并询问客户订约意向；利用客户异议点，适时利用展车再次解说，促成订约。

（六）价格协商与签约

1. 价格协商与签约的目的

价格协商是指汽车经销商和顾客基于各自的需求，彼此进行信息交流、磋商协议，旨在协调其互利关系，赢得或维护各自利益的行为过程。在价格协商这个环节，营销顾问要运用得体的谈判礼仪，透明公正并运用有效的报价以及价格谈判技巧，赢得顾客对产品的认同，增加顾客对汽车品牌的尊重和信赖。同时，营销顾问要把握成交时机，采用积极的成交技巧来促成交易，实现自己和公司销售业绩的提升。

2. 价格协商与签约前的礼仪准备

（1）价格协商。价格协商是签约的前提，是签约前的主要活动内容，应提前做好充分准备，如备齐会谈资料、文具，布置协商场地等。销售顾问应提前一定时间抵达协商场地等候顾客，待顾客到达后，一一握手问候，引导参谈人就座，即开始价格协商。

价格协商通常采用长方桌或椭圆桌形式，宾主相对而坐。以正门为准，汽车销售方背门而坐，客户方面对正门就座。价格协商结束后，销售人员应将客人送至会谈厅门口握手告别。

（2）签约仪式。签约仪式是双方或多方会谈谈判结果的体现，要求组织严谨，按照一定规程实施。签约仪式首先应做好签字文本的准备，明确签字人、助签人和参加签字仪式的人员。其次应准备签字文具，布置签字会场。提前通知双方有关人员签字仪式的时间和地点。签字厅一般挂横幅，设长方桌，桌上摆签字文本、签字笔、吸水纸。双方人员到齐后，由主持人宣布签字仪式开始，双方助签人负责翻开签字文本，指明签字处，签字人持笔签字，由双方助签人互相传递文本，再由签字人在对方文本上签字，然后合上文本，双方签字人起立，互相握手，交换文本。参加仪式的其他人员同时鼓掌表示祝贺。一般比种签约仪式礼仪多见于大量购买汽车时（如企业采购），个人购买汽车仅需备齐资料即可直接签约。

3. 价格协商的注意事项

（1）汽车营销人员在价格协商过程中的禁忌，一是不要立即、直接回答；二是直接反驳。

（2）汽车营销人员经常出现的问题有：缺乏足够的耐心、慌神且多言；过度兴奋或者表现出傲慢情绪；提出愚蠢的问题。

（七）交车

1. 递交新车的目的

拿到新车对于顾客而言无疑是一个激动人心的时刻，汽车销售人员要按照销售流程标准，为顾客提供满意的服务，与顾客一起分享他的欢乐与喜悦。同时，在交车过程中，销售顾问要让顾客再次了解新车的操作和使用，以及后续保养的注意事项。通过热情、专业、规范的交车服务来加深顾客的印象，提高客户满意度。

2. 交车前的准备工作

汽车营销人员应提前一天准备好车辆，保证车辆外观及内饰美观整洁（包含发动机及后备箱），并确认车况良好。按照车辆配置表检查车辆配置是否齐全。交车当日，将车主发票名写在恭喜交车板上。汽车营销人员在交车前准备的物品包括车花、相机、花、礼品、红绳、尊贵车主胸牌等。

3. 交车前的预约

车辆确认无问题后，销售顾问应及时和客户联系预约交车时间。电话预约确认确切的交车时间，告知客户交车的流程和所需占用的时间。提醒客户带齐必要的文件、证件，带上尾款并告知交款方式。再次与客户确认

交车仪式

一条龙服务，协助办理牌照等。询问客户提车时与谁一起来。前一日事先联系好展厅经理、销售主管，做好准备。约定时间前 15 分钟再次确认，以做好接待的准备。

4. 简短热烈的交车仪式

交车仪式时间一般控制在 30～50 分钟为宜，包括开场白、介绍功能、祝贺、送礼物、欢送等环节。汽车营销人员将鲜花、礼品（牌照架等）一同递交给客户表示恭喜，恭喜其成为某某汽车品牌车主，所有工作人员起立鼓掌。主管人员、销售顾问、客户合影留念。

（八）售后跟踪

1. 售后跟踪的目的

售后跟踪的目的首先在于让顾客体验到一切为了用户、为了用户的一切、"顾客至上"的服务理念和品牌形象。其次，通过与顾客保持长期的

联系，使顾客对营销人员的服务满意，为公司赢得后市场的服务机会。再次，通过老客户的引荐带来更多的潜在客户，赢得更多的销售机会。最后，汽车售后跟踪可以确保车辆出现问题后，能够得到及时的处理和解决，使顾客无后顾之忧，信赖品牌，从而最终赢得顾客的忠诚。

2. 4S 店售后服务工作流程

（1）接待服务。包括：服务顾问按照规范要求检查仪容、仪表；备好必要的表单、工具、材料；环境维护及清洁。

（2）迎接顾客。包括：主动迎接，并引导顾客停车；使用标准问候语言；恰当称呼顾客；注意接待顺序。

（3）环车检查。包括：安装三件套；基本信息登录；环车检查；详细、准确填写接车登记表。

（4）现场问诊。包括：了解顾客关心的问题；问明顾客的来意，仔细倾听顾客的要求及对车辆故障的描述。

（5）故障确认。可以立即确定故障的，根据质量担保规定，向顾客说明车辆的维修项目和顾客的需求是否属于质量担保范围内。如果当时很难确定是否属于质量担保范围，应向顾客说明原因，待进一步诊断后做出结论。如仍无法断定，将情况上报服务部，待批准后做出结论。

不能立即确定故障的，向顾客解释需经全面仔细检查后才能确定。

（6）获得、核实顾客和车辆信息。包括：向顾客取得行驶证及车辆保养手册；引导顾客到接待前台，请顾客坐下。

（7）确认备品供应情况。查询备品库存，确定是否有所需备品。

（8）估算备品/工时费用。包括：查看汽车销售服务系统内顾客服务档案，以判断车辆是否还有其他可推荐的维修项目；尽量准确地对维修费用进行估算，并将维修费用按工时费和备品费进行细化；所有项目及所需备品录入 DMS 系统；不能确定故障的，告知顾客待检查结果出来后，再给出详细费用。

（9）预估完工时间。根据对维修项目所需工时的估计及店内实际情况预估出完工时间。

（10）制作任务委托书。包括：询问并向顾客说明公司接受的付费方式；说明交车程序，询问顾客旧件处理方式；询问顾客是否接受免费洗车服务；将信息录入 DMS 系统；告知顾客在维修过程中如果发现新的维修项目会及时与其联系，在顾客同意并授权后才会进行维修；制作任务委托书，就任务委托书向顾客解释，并请顾客签字确认；将接车登记表、任务委托书客户联交给顾客。

此时，售后服务专员可以安排顾客休息，在休息区等待，再与车间主管交接实施维修工作。在车辆总检合格后，若顾客接受免费洗车服务，将车辆开至洗车工位，同时通知车间主管及服务顾问车已开始清洗。清洗车辆外观，必须确保不出现漆面划伤、外力压陷等情况。彻底清洗驾驶室、后备箱、发动机舱等部位。烟灰缸、地毯、仪表等部位的灰尘都要清理干净，注意保护车内物品。清洁后将车辆停放到竣工停车区，车辆摆放整齐，车头朝向出口方向。完成清洗工作后，可以进行交车服务。

3. 售后跟踪和开发新客户

汽车营销人员将车售出后，可以有计划地进行跟踪回访，体现服务的延续性。回访要做到热情、耐心、语言得体。汽车营销人员也可以借助一些机会，如车主生日、年检、定期保养等采用电话沟通的方式与客户取得联系，但是要注意时长间隔要把控得当。

汽车营销人员在开发新客户的时候，应先找出潜在客户，如经朋友介绍参加车展或参加各种试乘试驾活动而来的顾客。除此之外，由老客户在汽车相关论坛上介绍汽车及营销人员信息，也是帮助营销人员广泛接触客户的一个有效渠道。

电话能突破时间与空间的界限，是既经济又有效率接触客户的工具。调查结果显示，汽车营销人员如果有计划地每天至少打 5 个电话给新客户，一年能增加 1500 个与潜在客户接触的机会。

二、汽车销售行业服务用语规范

（一）4S 店销售顾问文明、礼貌、服务用语

1. 日常礼貌用语

"您好""请""谢谢""对不起""再见""您好，欢迎光临""请慢走，欢迎再次光临""对不起，请原谅"。

2. 接、打电话礼貌用语

"您好！××4S 店，请问有什么可以帮到您的吗？"（接电话时用）

"您好！请问您是××先生/女士吗?"

"请问您现在方便接电话吗?"

"您好，请稍等。"

3. 展厅接待礼貌用语

"请问您是来看车还是找人?"

"您好，请坐。"

"您是自己先熟悉一下，随便看看呢，还是我有重点地给您介绍一下?或者先到那边的客户休息区，喝杯茶，我给您拿几份资料看看?"

"这里有绿茶、菊花茶和纯净水，请问您需要哪种?"

"您好，请这边走。"

4. 黄金七问

"请问您购车的主要用途是什么?"

"请问您最关注汽车的哪个方面?"

"请问您对车的配置有什么要求?"

"请问您以前开过类似的车没有?"

"请问您觉得以前的车哪些方面让您很满意?"

"请问还有哪些方面需要改进?"

"请问您最看重车的哪些方面?"

5. 赞美客户用语

"您真是这方面的专家。"

"您的这个问题太专业了。"

"您的这个问题太有代表性了。"

"您的这个问题太深奥了。"

"您这个问题一下说到点子上了。"

"您的这个观点就像这个月出的汽车杂志中一个专栏的题目一样，如果您不问，我也要替您问这个问题。"

"您问的这个问题很关键，如果这个问题搞不清楚，买车就是盲目的，所以应该充分了解。"

（二）付款阶段中的礼貌用语

"开票需要核对一下您的身份证，请您出示，谢谢!"

"请问您是刷卡还是现金?"

"请您输入密码。"

"请您在这签字。"

"请问我解释清楚了吗?"

"这是您的票据,请收好!"

"请妥善保管好这些票证,上牌时还需要用到的。"

"谢谢光临,请慢走!"

📺 视频链接

1. 礼仪融入服务,服务促进销售。https://v.qq.com/x/page/n0128yei11v.html。

2. 广汽三菱销售服务店商务礼仪宣传片。https://v.qq.com/x/page/m03583fh24u.html。

3. 服务礼仪。https://v.qq.com/x/page/n01275pjdmp.html。

第二节　交通运输行业服务礼仪规范

💬 案例导入

2016年4月4日乘客孟先生反映,自己本应该搭乘国内某航空公司4月3日下午2点55分的飞机前往日本冲绳,但是在航班因为大雾延误了将近4个小时之后,起飞之前,该航空公司竟然没有用任何方式通知在贵宾休息室内休息的孟先生,导致他被滞留在了机场。与孟先生情况相似的旅客共有7人。而让孟先生他们气愤的是,航空公司除了愿意帮他们改签今天的机票之外,不愿意做任何的补偿承诺。

这个案例是出现问题之后,各公司运用不同的方式来解决问题,但是显而易见,解决问题的态度、解决方式才真正体现了什么叫作服务。

为了给乘客提供更为优质的服务,我们要了解相关行业的服务流程以及服务用语规范。本节将为大家主要介绍铁路客运服务礼仪、航空客运服务礼仪。

一、交通运输行业服务流程礼仪

（一）铁路客运服务礼仪

所谓铁路客运服务礼仪，就是指在铁路车站、候车大厅以及火车、高铁车厢内的相关服务人员在具体的服务工作流程中应遵循的服务礼仪。

车站服务礼仪包括售票处服务礼仪、候车厅服务礼仪、站台服务礼仪、乘务员服务礼仪、出站服务礼仪等。

候车厅服务人员

1. 铁路客运人员服务礼仪标准

（1）仪容仪表。车站服务人员必须注重个人的仪容仪表，这是由其工作性质所决定的。在工作过程中，一定要精神饱满、仪容整洁、表情自然、面带微笑、举止大方得体。

根据铁路旅客运输服务质量标准要求，车站服务人员有以下着装要求：按季节着装统一规范，整洁大方，佩戴职务标志；胸章佩戴在上衣左胸口袋上方正中，上衣左胸无口袋时，佩戴在相应位置；臂章佩戴在上衣左袖肩下四指处；车站女工作人员可淡妆上岗。

车站服务人员

售票厅服务人员

仪容仪表做到"十不"：不歪戴帽子，不挽袖筒和裤腿，不敞胸露怀，不赤足穿鞋，不穿高跟鞋（足跟不超过4厘米）、钉子鞋、拖鞋，不佩戴首饰，不留长指甲，男不留胡须、长发，女发不过肩，不化浓妆。

（2）服务用语。在铁路客运服务中，要用礼貌用语。客运车站服务人员要声音轻柔、音量适中、语调亲切。服务语言应使用普通话，服务语言表达规范、准确，口齿清晰。运用"请、您好、谢谢、对不起"等文明用语。对旅客称呼得体，可统称为"旅客"。也可针对性别和年龄称呼为"同志""先生""女士""小朋友"等。

客运服务人员

2. 铁路客运人员服务流程礼仪

（1）售票处服务人员礼仪。旅客乘坐高铁、动车、普通快车等铁路交通工具，首先接触的是售票服务。旅客买票可以通过三种方式：网购、自动售票机和人工售票。

网购基本上不涉及服务人员，除了在12306中国铁路客户服务中心购票以外，可以在部分第三方软件上进行购票。如遇到特殊情况，则可以与其客服人员进行沟通。

自动售票机一般都需要配备相应的服务人员，以便指导乘客正确、有序、快捷地进行购票。在自动售票机旁帮助旅客取票，并及时处理在购票、取票过程中遇到的各类突发问题；在服务的过程中，应做到微笑服务，有问必答、态度诚恳、举止得体。让往来车站的旅客在旅途的第一站就能享受到舒适、温馨的服务。

（2）候车厅服务人员礼仪。购票之后，旅客将前往候车厅候车。进入候车厅休息前，车站需对旅客及其携带的行李进行安检。

安检人员需穿规定制服，帽徽和职务标志佩戴一致，服装干净，领结整齐。现在购票都是实名制购票，因

服务人员帮助乘客在自动售票机上购票

此，首先需要核查旅客的身份证及车票。验票中微笑着面对旅客，说话的态度亲切、语气平和、吐字清楚。如遇想上车补票而手上没票的旅客，要态度严肃、语气坚定地说："对不起，这位先生，请问你的车票呢？"如果因车站工作的失误给旅客造成麻烦，或者是旅客对车站某些工作不满意，要从车站和全局的角度考虑问题，主动向旅客道歉，并想方设法为旅客解决困难。

安检人员在接待顾客时应面带微笑行注目礼，同时伸手示意顾客："您好！请出示您的身份证与车票。"旅客核查身份之后，到安检处接受安检，安检人员应主动说："谢谢您的合作。"并主动伸手帮助旅客把包放到检测仪上。检查过后向旅客表示感谢："给您添麻烦了，祝您旅行愉快，再见。"如遇旅客提问，应耐心、简洁、明了地回答旅客的有关问题。旅客若携带违禁品，应向旅客指出哪些是违禁品，注意礼貌用语，请旅客进站前处理好相关物品，并告知相关法律法规。经过严格安检后，请旅客进入候车厅。

工作人员向乘客演示自动售票机功能

旅客进入候车厅后，一般都会到相应的检票口附近候车，也会有旅客不是很清楚，此时候车厅客运服务人员应热情回答旅客的提问。在候车室入口处引导旅客候车。做到态度亲切、有序引导；服务在旅客周围，掌握旅客候车动态；执行作业标准，解答旅客问询，受理旅客投诉。如在大厅遇到有旅客问询，应停下脚步，主动关切地问："先生/女士，您有什么

安检人员

安检人员检查旅客行李

事需要我帮忙吗?"显示出你的诚恳和亲切。随时帮助候车大厅中的旅客解决遇到的问题，做到耐心细致。应始终服务在旅客的身边，不要等到旅客去找你。候车大厅人多嘈杂，客流量大，要做好文明服务礼仪。同时，使用正确的引导手势：手掌伸平，五指自然收拢，掌心向上，小臂稍向前伸，指向旅客要去的方向。切忌伸出一个手指头，指指点点。

按广播预告，及时上岗进行检票作业，提醒旅客列车停靠站台。引导

旅客排队等候，时刻关注候车室内的情况。如遇突发情况，应及时上报，做到沉着果断，措施得当。遇列车晚点时，工作人员应尽力安抚旅客，切不可火上浇油，引起不必要的冲突。在条件允许时，查明晚点原因，耐心向旅客解释，同时，提供充足的食品、饮用水等。另外，工作人员可与车站联系，对旅客晚点到达做好旅馆住宿、公交地铁出行等相应对策，主动帮助旅客解决问题，稳定旅客情绪。

（3）站台服务礼仪。客运员应列队上岗，清理站台，做好接车准备。做到按时上岗、站台无障碍物及闲杂人员。列车进站后，按分工在上车车门处立岗，面向旅客进站方向，查验车票，提示登车安全，协助重点旅客上车，劝告送客人员不要上车，组织旅客有序上车。开车铃响，组织站台上的人员退到安全线以内；列车启动后，防止随车奔跑。听从客运值班员指挥，列队撤岗，行动一致。在服务的过程中，需注意用语规范，使用礼貌用语。

服务人员引导旅客进站

检票员

（4）乘务员服务礼仪。乘务员小张就职于商丘南站。某日18号车厢上来一名年过七旬的老人，看到这名独自乘车的旅客，18号车厢乘务员小张一边扶着老人上车，帮老人把行李放好，一边为其送上开水。得知老人是第一次到北京去探望打工的孙女后，更是主动与其孙女联系，一路上对老人嘘寒问暖。深受感动的老人在临下车前，拉住小张

站台

的手，问他是否找了对象，想要把自己在北京打工的孙女介绍给他。满面通红的小张连声道谢："这是我们应该做的，您别客气。"由此可见，注重细节、用心服务可以为整个铁路客运服务提升形象。

乘务员要修饰自己的仪容仪表，以简洁大方为主，做到仪表整洁、仪容端庄。乘务员在迎送旅客登车或下车时，应在车厢门口相应的位置行鞠躬礼、挥手礼等。应做到双脚并拢，右脚略向后，脚尖分开成丁字形，双手四指并拢，交叉相握，右手叠放在左手之上，自然垂于腹前。

也可伴有摆手礼，以示对顾客的尊重。摆手礼需抬起胳臂，手肘与腰部相距约45°，大臂与小臂之间的角度约为120°，手腕伸直，手心朝上，手掌倾斜45°，五指并拢，手臂与身体在同一个平面内。

列车关闭车门以后，乘务员应按照"有需求有服务、无需求无干扰"的服务理念，热忱为每一位旅客服务。

乘务员在客运服务中讲话声音适中，配合手势恰到好处，不要大张大合过分夸张，更不可玩笑打闹，要站姿优雅、坐姿端正，保持自己的良好形象。若需补妆或修饰面容，应到卫生间或工作间进行。

列车将要到站时，需提醒乘客准备下车，并提前站至门前，维护下车前的秩序。

（5）出站服务礼仪。客运服务人员应有序组织旅客出站，做好出站验票工作，方便旅客快捷、迅速通行。

铁路客运服务人员在为旅客服务时要牢记自己代表的是铁路的形象。用良

乘务员迎接旅客

摆手礼

乘务员为旅客钉纽扣

乘务员为旅客提供帮助

乘务员目送旅客下车

好的仪容仪表来代表铁路运输行业的服务形象，为旅客提供优质的服务。

旅客出站

（二）航空客运服务礼仪

飞机是世界上最安全的交通工具之一，越来越多的人选择既快捷又方便的飞机作为首选的交通工具。近年来，我国民航事业发展迅速，在航空运输量逐年增加的同时，旅客吞吐量也大幅度提升，高速的发展要求机场应提供更高水准、更为优质的服务。所谓航空客运服务礼仪，主要是指民航客运服务礼仪。民航服务是由民航业单位（员工）提供的，为满足民航旅客（客户）利益而从事的具体工作，从而实现旅客与民航价值双赢的活动过程。它包括民航地面服务、空中服务以及行李托运等与旅客出行紧密相关的活动内容。航空客运服务礼仪包括地勤服务礼仪和空乘服务礼仪两个方面。

1. 地勤人员服务流程礼仪

地勤是航空业的地面从业人员的统称。在航空公司地面工作的人员，具体有值机（国际值机和国内值机）、安检、VIP客服、调配、售票、易登机等岗位。

把乘客的机票换成登机牌的岗位叫值机。安全检查包括查验登机牌、身份证、检查安全物品等。调配主要是指挥飞机降落、运行车辆停靠位置等。VIP客服是指各大航空公司设在机场为会员服务的服务人员。易登机是贵宾室服务人员，主要为贵宾办理自购票至登机一切手续及相应服务的工作人员。

旅客乘坐飞机首先需要购票。购买机票的方式有很多，有网络购票、电话购票、现场购票等。一般建议大家在各航空公司的官方网站购票。到出发的时间旅客一般会提前到达机场，以便取票及办理登机手续。

机场都设有咨询台。如果乘客没有乘机经验，可以到咨询台找相关服务人员进行咨询。咨询台的工作人员应当热情、礼貌地回答旅客的疑问，应告知旅客乘坐的是哪个航空公司的飞机、应该去哪里办理登机手续、相应柜台在哪个方位。

根据咨询服务人员的指引，乘客就可以到相应的柜台办理取票和值机了。值机人员专门为旅客办理乘机手续，协助旅客乘机，包括换登机牌、收运旅客的托运行李、安排旅客的座位等。服务内容包括旅客服务流程、行李服务流程及应急办理流程。根据不同旅客的不同要求，旅客服务可以分为普通旅客服务、头等舱旅客服务、重要旅客服务、特殊旅客服务、

咨询台服务人员

常客服务、晚到旅客服务、中转旅客服务、团队旅客服务、其他旅客服务。行李服务包括托运行李和非托运行李（自理行李和免费随身携带行李）。行李服务是针对旅客托运行李或者旅客随身携带行李提供相应的服务，可以分为常规托运行李服务、易碎行李服务、超标行李服务、宠物托运服务、晚交运行李服务、团队行李服务、补托运行李服务等。

在对普通旅客进行服务时应做好岗前准备：注意仪容仪表、及时、准确了解航班动态等。养成提前到岗的习惯。到岗后应检查系统设备是否完好，登机牌、行李牌打印机是否处于正常状态，电子屏是否能正常运行。再检查值机柜台上的业务用品是否齐全。

办理乘机手续时，应注意自己的行为举止。礼貌询问旅客的航班号，请旅客出示机票和证件，当旅客递送时应双手接过票证，核对旅客票证的有效性，核对电脑中旅客的舱位等级、旅程、旅客姓名的等信息是否与票面一致。办理登机牌时，应根据旅客的实际情况，综合年龄、性别、宗

服务人员在专用值机柜台为旅客办理登机手续

教、喜好、身体条件等为旅客安排合适的座位。如果旅客有行李，应主动询问旅客是否需要托运行李。检查旅客的随身行李是否符合标准时则应起身，双手将旅客的票证、登机牌交还给旅客。如旅客有行李需要托运，应向旅客确认行李的归属，提示旅客行李内不能存放危险物品、易碎物品，贵重物品最好随身携带。检查行李的外包装是否符合标准，建议旅客适当调整，收纳箱包带子。检查行李外包装无破损后，要告知旅客，签下免责行李牌。将行李的件数和重量准确录入电脑，最后为旅客拴行李牌，并再次确认行李的件数和目的地。

　　头等舱、公务舱旅客服务属于高端旅客，他们对服务品质有较高要求，因此，在原有的服务流程基础上，需要增加一些服务细节。值机人员需站立式服务。并对旅客采用姓氏服务，以示对旅客的尊重。若旅客需要托运行李，需为旅客的行李挂头等舱、公务舱行李标牌。为旅客添加头

服务人员为旅客办理行李托运

等餐、公务舱休息室的休息卡。还可为旅客提供一些增值服务，如为头等舱、公务舱旅客提供及时的天气预报信息和地面点餐服务等。

　　一般航空公司都为常旅客增设了许多增值服务，可在值机时主动提供相应的升舱等。服务常旅客时同样要采用站立式服务和姓氏服务，常旅客实际上是各航空公司的贵宾，应优先

头等舱、公务舱专用值机柜台

选择座位，行李托运重量在原有额度上适当增加，并为常旅客的托运行李挂常旅客行李标识牌。

　　对于晚到旅客柜台人员查看航班时间，并询问信息室是否可以为该旅客办理值机手续。如可以追加旅客应为其办理值机手续。如果晚到旅客中有老人或小孩，考虑安全因素，值机人员要建议旅客更改其他航班出行。

　　为团队旅客服务时，由于团队旅客人数多，易造成柜台拥堵，一般都会增设团队旅客柜台。办理前，要与领队核对人数、航班号，再将行李的姓名牌交给领队分发。为团队旅客托运行李后，需与领队再次确认行李件数和目的地，以免发生错误。

　　办理完成以后，旅客需到安检处进行安检。民航安全检查务人员指对乘坐民用航空器的旅客及其行李、进入机场控制区的其他人员及其物品，以及空运货物、邮件实施安全检查的人员。

为团队旅客提供值机服务

　　在安检工作中常会遇到不理解、

不配合检查的旅客。他们认为安检人员是在故意为难人，从而提出种种问题进行反驳。常见的有：为什么我从别的机场带过来可以，从这里却不行？为什么瓶中的化妆品剩余不到100mL不能带？为什么冬天要把棉袄脱下来检查？为什么要把笔记本电脑单独拿出来过机器检查？如果安检员

安检人员

在工作中面对此种情况处理不当，就会引发不必要的矛盾和冲突，影响正常的安检秩序，并且给人留下工作方法简单且不近人情的印象。因此，掌握一些解释说明工作的方法和技巧是十分必要的。我们主要可以通过以下几个方面进行把握。

首先，树立良好的服务心态。文明执勤、热情服务是安检工作的原则，这就要求安检员在工作中要为旅客着想，把旅客当成朋友、亲人，态度要和蔼，不能事先就抱着高高在上的心理，拒人于之千里之外。要有容人的雅量，以诚相待，抱着为大众服务的思想同旅客沟通交流，在不违反工作原则的基础上尽力为旅客解决问题。"态度决定一切"，只要有了好的开端，下一步的工作就不难展开，有着真诚心态的服务，才是优质的服务。

其次，加强业务学习，熟练掌握安检法律规章。俗话说"打铁还需自身硬"，这是进行解释工作最基本的前提。众所周知，安检部门具有行政执法权，安检员作为执法人员，必须熟练地掌握民航法律法规、检查规则，这样才能在旅客提出质疑时给出合理的解答，让旅客信服。如果连自身都没有掌握应知的法律规章，那么解释工作就根本无从谈起。

再次，解释工作要有针对性，语言要简明有力。经常有旅客因为不理解安检法规的内容，或其他的一些事情办得不太顺利，到安检现场后情绪失控，不断向安检员宣泄各种怒气。此时，安检员不应被旅客的失控情绪所干扰，应当冷静地听完旅客的陈述，及时找出引发矛盾的主要原因，对症下药予以解决。简明有力的语言会使人产生信服感，在向旅客解释国家法规时尤其要表现出严肃不容违反的一面，树立严格检查的安检形象。

最后，要具备较高的职业素养。一个有职业素养的人应当会控制自己

155

的情绪，无论在外遇到什么事情，在工作岗位上都不应表现出来，不把自己的喜怒哀乐掺杂到工作中，始终表现出平和、有条不紊的工作态度。如果不善于控制自己的情绪，在旅客不配合检查甚至刁难时，就很容易被带入到不良的情绪之中，激化矛盾，影响正常的检查工作。要怀着高度的职业责任感，以专业的态度来对待工作。只有自己情绪平稳了，才能平复旅客的情绪，才能在做解释工作时条理清晰、不卑不亢。合理的安检解释工作可以化解矛盾，提高工作效率；反之，则会激化矛盾，影响工作。因此，应当从自身抓起，提高素质，为安检工作的顺利开展打下扎实的基础。

对于乘客携带的超长、超高、超大的物品（体积大于 X 光检测通道），易碎品、易损品，金属类工具及尖锐类等不宜机检的物品，要及时提醒乘客及手检员进行手检。在服务过程中需引导乘客配合安检。对于特殊群体，包括残障人士、孕妇等，提醒手检员进行手检。安检人员还需随时观察人群，能及时、准确地发现可疑人、物。

进行安检服务时，要精神饱满、服装整齐、谈吐得体、举止大方。工作时统一穿制服。保持个人卫生、口气清新。做到语言文明、动作文明、微笑执勤。运用规范的服务语言。

安检完成后，旅客进入候机厅候机。候机楼旅客服务包括导乘服务、正常航班服务、特殊旅客服务、不正常航班服务等。

服务人员需引导旅客、回答问询，需特别关照老、幼、病、残、孕旅客。对于初次乘机或语言不通的旅客，应主动提供帮助。为旅客介绍候机、登机注意事项，指示登机口方位。在旅客提问时，应耐心倾听，同时简明扼要地回答，同时协调相关部门服务旅客。若有旅客指责或不满，应主动先向旅客道歉并询问原委，做出解释。航站楼还应提供广播服务。广播服务应遵循《民用机场候机楼广播用语规范》进行操作。

2. 空乘人员服务流程礼仪

2018 年 4 月 3 日，某航空公司成都—南通航班迎来两位僧人，其中一位是 112 岁的胡老。来自成都的胡老由人陪同前往南通，胡老表示此行是为孤儿院做慈善活动。乘务组也了解到，胡老一生行善，在当地广受赞誉，此次更是不顾高龄亲自远赴千里行善，令人由衷敬佩。该航空公司乘务组获取旅客信息后，在没有提前预订素食餐的情况下，积极加配素餐餐食，提供了令胡老满意的午餐。航班中，乘务员嘘寒问暖，服务贴心周到，当客舱温度微凉时，及时为老人提供毛毯。胡老对乘务组的服务很满意，表示符合一切所需，适时适宜。据悉，这是该航空公司首次服务超过百岁的旅客，秉承"以客为尊"的服务理念，乘务组为老人提供了亲切而体贴的服务，帮助高龄老人顺利出行。

航空服务礼仪其实就是一种行为规范，是指空乘人员在飞机上的服务工作中应遵守的行为规范。它具体指在客舱服务中的各服务环节，从在客舱迎接旅客登飞机、与旅客的沟通，到飞机飞行中的供餐、送饮料，为特殊旅客提供特殊服务等一整套的行为规范。

空乘服务人员的职业形象尤其重要。空乘服务人员向来都以素质高、体态美、气质好而著称。

对于一名空乘服务人员来说，良好的职业形象、健康的体魄尤其重要。五官端正，肢体匀称，步姿从容大方，步态轻盈，站姿亭亭玉立，神情自然亲和，谈吐优雅、稳重，不仅可以充分展现个人形象与风采，还可以体现出在职业领域的专业性。空乘服务人员是航空公司的形象代言人，是航空公司服务的灵魂，为航空公司塑造整体形象。在执行航班任务的过程中要身着制服，不得穿便装。制服应熨烫平整，不允许出现布满皱纹、残破、污渍、脏污、异味等不雅状况。需化淡妆，以清新自然为宜。在面部修饰时，一定要注意卫生，平时需要认真护理。注意面部局部的修饰，保持眉毛、眼角、耳部、鼻部的清洁。上机前不吃带味道的食物。注意手部的美化，指甲应保持清洁，经常擦护手霜，可保持手部的柔软。不留长指甲，以免给旅客留下不讲卫生的印象，并始终保持良好的工作形象。

服务细节决定服务质量，服务质量的高低直接影响企业的效益。因此，空乘服务人员应做好相关的细节服务，让旅客感受到宾至如归，才能让旅客再次出行时，继续选择该航空公司。

（1）地面准备阶段。空乘服务人员应提前进入准备室，按照航空公司规定将箱包摆放整齐。在出港、进港和上下机期间，整组成员都应自然排列出入。在准备室不咀嚼食物、口香糖等，注意个人形象。在候机楼等待飞机时，如果就餐或饮食都应避开旅客的视线，应保持职业站姿、坐姿。做好上机前的仪容仪表准备、心理与思想准备、广播词、乘务员手册、客舱服务规范手册、备份丝袜、化妆包等。在准备室要开准备会，接受任务，明确分工，传递最新信息，制定服务方案和客舱安全紧急脱离预案等。确认飞机廊桥、客梯是否处于安全状态。

（2）客舱直接准备阶段。需要检查客舱应急设备的摆放位置是否正确，应急设备数量、使用情况是否符合要求等。检查旅客面板上的阅读灯、呼唤铃、小桌板、桌椅靠背，乘务员服务面板上各种灯光的话筒、音乐等各种方面是否完好、

空乘服务人员

尤其要考虑到紧急状态下要用的各种设备是否完好，氧气瓶里面的氧气是否够用、灭火瓶是否打开过、冲气滑梯压力是否正常等情况。

（3）检查供应品的准备情况。供应品是指在航行中需要给旅客提供的各种物品。在旅客登机之前要对餐食的配备清点清楚，要对餐食的数量和质量把好关，对供应品要清点清楚，要看看厕所里要用的面巾纸、卷纸、肥皂、香水、坐垫纸是否配备齐全，厨房里的茶叶、咖啡、方糖、咖啡伴侣是否都齐全。最后检查好客舱的卫生，整理好个人的仪表仪容，准备旅客登机。

（4）迎宾时微笑服务。面对旅客时要目光友善，微笑真诚、亲切，表情自然，伴随微笑要露出 6 ~ 8 颗牙齿、嘴角微微上翘，眼睛要礼貌正视顾客，不左顾右盼、心不在焉，有目光的接触即要送上甜美真诚的微笑。站姿端正，可鞠躬 30°，五指并拢，为每名旅客指示方向，主动向需要帮助的旅客提供帮助。

空乘服务人员练习微笑

（5）旅客登机时服务礼仪。旅客登机时，各个号位要站在各自的号位上迎接旅客登机。在旅客登机的同时要向旅客介绍座位号码所在，主动问候旅客。协助旅客安排行李，帮助老幼病残孕旅客找到他们的座位。要随

时注意旅客有什么需要。头等舱旅客上机后，主动帮助提拿行李，引导入座，应根据地面提供的旅客名单称呼其姓氏。遇要客时可称呼其姓氏和职务。头等舱、公务舱的旅客上机后，应及时提供热毛巾，温度在 40 ~ 50℃，使用专用盛器，将毛巾折叠，送至旅客手中。

（6）旅客登机后服务礼仪。等旅客上完之后，安排好行李，就要进行客舱安全动作示范，随后进行客舱安全检查，包括是否系好安全带、调直椅背、收起小桌板、拉开遮阳板、行李架是否扣好、紧急出口和通道是否没有行李的摆放。

要提醒旅客关闭手机。内场的乘务员还要把厨房电源给关掉，各种锁扣要扣好，餐车要放好，各个衣帽间、烤箱的门都要关好。起飞前要进行安全检查及逃生演示。

关舱门前需要核对清楚乘客数量与舱单上一致，并进行广播。确认出口座位旅客，根据需要简单向旅客介绍出口位置、操作方法及规定，提醒旅客阅读出口座位须知卡和安全须知卡。确认所有手提行李合理存放，行李架关好，确认出口畅通，所有旅客系好安全带。起飞前确认厕所内无人，并上锁。存放好所有服务用具、供餐物品，包括将所有的餐车在固定位锁定，扣好餐车固定搭扣。关闭除照明以外的所有厨房电器，调节客舱灯光，换上机上用鞋。除执行有关安

空姐在机舱门口迎接旅客登机

进行安全演示

空姐正在使用广播告知乘客注意事项

正在为旅客提供饮料

全工作外，坐在指定的位置，系安全带、肩带，在整个滑行起飞阶段，保持坐姿。当安全带信号灯亮后，广播通知旅客系安全带或进行客舱安全检查。可相应地为旅客提供餐饮服务。向旅客介绍各种餐前饮料、餐前酒，随时为旅客添加饮料，饮料正常倒 7 成满，供餐倒 8 成满，颠簸倒 6 成满。开启果汁饮料应先稍微摇匀后再提供，气体饮料则需避免摇晃，倒时稍倾斜，速度适中不宜太快。头等舱、公务舱使用玻璃杯，保持玻璃杯的清洁、明亮。头等舱、公务舱在非用餐时间提供饮料或酒时，要使用杯垫。饮料车的物品摆放要安全、清洁、整齐、美观。车停要踩刹车，严禁将饮料车独自留在通道上，各种饮料、酒类商标完好无损，标签要正对客舱。在与旅客交谈时应做到表情自然大方，目光温和，正视对方。语言使用应准确，语意完整、声音轻柔、语调亲切、语速适中。需要关注旅客的情绪和心情，不可滔滔不绝，对谈话的内容做出积极的回应。

正在为旅客送餐

正在为旅客打开阅读灯

完成服务工作

　　航班到达目的地之后，送客服务要先请头等舱、公务舱旅客下机。最后清舱。

　　自然亲和的微笑、得体优雅的妆容、清新脱俗的气质、秀外慧中的职业素养，永远是空乘人员的魅力，是空乘人员为旅客提供优质服务的必要条件。

二、交通运输行业服务用语规范

（一）铁路运输行业服务用语规范

1. 铁路安检礼貌用语

"您好，请留步，请您接受安检。"

"您好，请您不要拥挤。"

"您好，请您配合我们安检工作。"

"您好，请您出示证件。"

"您好，请您将包放在安检仪上。"

"您好，请您将随身携带的物品放到盘中。"

"对不起，请您退出去。"

"您请进。"

"请您将随身携带的物品收好。"

"谢谢您配合我们的安检工作。"

"您好，请问您有什么事?"

"您好，请您在接待区或等待区等候。"

"您好，请您不要大声喧哗。"

"您好，请您不要吸烟。"

2. 铁路乘务员礼貌用语

需要查验车票时要提示乘客："您好，请出示您的车票。"

对持有效票证的乘客，查验后应说："谢谢，请收好。"

开关车门提示："站在车门处的乘客，请您注意，（我）要开（关）车门了。"

车内、外安全提示："车辆进站，请您注意安全。"

车内防盗提示、携带物品提示："各位乘客，请您携带（保管）好随身物品，以免丢失。"

当妨碍、打扰乘客时使用"抱歉""对不起""请原谅""不好意思""请多包涵"等礼貌用语。

3. 铁路常用文明服务用语

"同志/老大爷（大爷）/老大娘（大娘）……"

"先生、女士/同学、小同学、小朋友……"

"旅客们/这位旅客/各位旅客……"

"你好，谢谢。"

"谢谢你的配合/支持。"

"请您听我解释。"

"你有什么困难，请告诉我/请讲。"

"请原谅/请稍候/请不要客气。"

"请您多提意见/请您出示车票。"

"请您走好/祝您一路平安。"

"请大家排好队，按顺序进站（上车）。"

"请您先过/请您拿好。"

"不客气/不用谢。"

"谢谢您的夸奖，这是我们应该做的。"

"打扰您了/麻烦您了。"

"对不起，请让一下（借光、劳驾）。"

"请不要在车厢内吸烟/请您到通过台吸烟。"

"请把吃剩的果皮放在果盘里好吗？谢谢！"

"对不起，请您坐起来给这位旅客让个座，谢谢！"

"请您几位说话声音小一些好吗？以免影响其他旅客休息，谢谢！"

"您是找卫生间（洗脸间）吗？请跟我来！"

"打开水请注意安全，让我来帮忙！"

"对不起，夜间不能到卧铺车厢会客，如有急事，我可以帮您。"

"对不起，衣帽钩是挂衣服和帽子的，请您把提包拿下来好吗？谢谢！"

"对不起，您的小孩已经超高，按规定应补小孩票。"

"对不起，您携带的行李已经超重，请您补票。"

"对不起，您的减价票不符合规定，请补办差价手续。"

"对不起，车上水箱容量有限，请大家节约用水。"

"对不起，空调（电暖气、茶水炉）可能出现故障，我马上通知检车人员维修，请稍等。"

"对不起，打扰您了，请出示车票（卧铺牌），谢谢！"

"对不起，由于线路施工，本次列车晚点××分钟，耽误大家的时间，十分抱歉!"

"对不起，由于正值春运（暑运、黄金周）期间，旅客较多，列车已处于超员状态，请大家互相关照一下，谢谢!"

"很抱歉，我们马上改正（改进）。"

"请您不要将手放在门框上，以免挤伤。"

"请您抬抬脚，别碰脏了您。"

"请您到十三号车厢列车办公席办理补票手续。"

"对不起，我没听清楚，请您再说一遍。"

"对不起，请按顺序来。请您看管好自己的物品，以免发生意外。"

"请您协助我们保持好车内卫生，谢谢。"

"您有什么困难，请不要着急，我们尽力帮您解决。"

"请放心，我们一定尽力帮您解决。"

"请您看好小朋友，以免碰伤（摔伤）。"

"列车马上进入隧道，请在座位坐好，注意安全。"

"对不起，按照规定我们要对您携带的物品进行'三品'检查，请您配合，谢谢!"

"对不起，乘坐旅客列车严禁携带危险品，我们将对您携带的危险品予以没收，请您配合。"

"再见! 欢迎您下次旅行再乘我们的列车。"

4. 铁路常用文明服务忌语

"嘿!"

"老头儿。"

"大兵。"

"土老帽儿。"

"老黑。"

"你吃饱了撑的啊。"

"谁让你不看着点儿。"

"嫌车慢，别坐呀。"

"问别人去。"

"听见没有，长耳朵干吗使的。"

"怕挤啊，打的不挤，啰唆什么，赶紧下吧。"

"瞧着瞧着，找死啊。"

"我就这态度。"

"有能耐你告去，随便告哪都不怕。"

"有完没完。"

"到底要不要，想好了没有。"

"喊什么，等会儿。"

"没看我正忙着吗，着什么急。"

"交钱，快点。"

"我解决不了，愿找谁找谁去。"

"不知道。"

"刚才和你说过了，怎么还问。"

"靠边点儿。"

"没钱找，等着。"

"有意见，找领导去。"

"到点了，你快点儿。"

"你问我，我问谁。"

"瞎叫什么，没看见我在吃饭。"

"管不着。"

"我不管，少问我。"

"不是告诉你了吗，怎么还不明白。"

"没零钱找，自己出去换去。"

"挤什么挤。"

"别啰唆，快点讲。"

"现在才说，早干吗来着。"

"越忙越乱，真烦人。"

"怎么不提前准备好。"

"我有什么办法，又不是我让它坏的。"

"别装糊涂。"

"后面等着去。"

"你看你吃了一地，在家也这样到处扔吗?"

"硬席票不能去卧铺车厢，不知道吗？"

"快点！快点！锁厕所了。"

"声音小点，这么不自觉，没看见别人都睡觉了吗？"

"这是车站的事，跟我没有关系。"

"喊了好几遍了，你听不见吗？"

"买不起票就别坐车。"

"这车是拉人的，又不是货车，带这么多东西，你怎么不把家搬来？"

"挤什么挤，掉下去你负责呀？"

"告诉你没有卧铺票了，怎么还问，这么麻烦。"

"这都是车站卖的，找车站去。"

（二）航空运输行业服务用语规范

1. 欢迎词

女士们，先生们：

欢迎你乘坐中国××航空公司航班××_____前往_____（中途降落_____）。_____至_____的飞行距离是_____，预计空中飞行时间是_____小时_____分。飞行高度_____米，飞行速度平均每小时_____千米。

为了保障飞机导航及通信系统的正常工作，在飞机起飞和下降过程中请不要使用手提式电脑，在整个航程中请不要使用手提电话、遥控玩具、电子游戏机、激光唱机和电音频接收机等电子设备。

飞机很快就要起飞了，现在由客舱乘务员进行安全检查。请您坐好，系好安全带，收起座椅靠背和小桌板。请您确认您的手提物品是否妥善安放在头顶上方的行李架内或座椅下方。本次航班全程禁烟，在飞行途中请不要吸烟。

本次航班的乘务长将协同机上_____名乘务员竭诚为您提供及时周到的服务。

谢谢！

Good morning（afternoon，evening），Ladies and Gentlemen：

Welcome aboard ×× Airlines flight ×× _____ to _____ (via _____) The distance between _____ and _____ is _____ kilometers. Our flight will take _____ hours and _____ minutes. We will be flying at an altitude of _____ meters and the average speed is _____ kilometers per hour.

In order to ensure the normal operation of aircraft navigation and communication systems, mobile phones, toys and other electronic devices throughout the flight and the laptop computers are not allowed to use during take-off and landing.

We will take off immediately, please be seated, fasten your seat belt, and make sure your seat back is straight up, your tray table is closed and your carry-on items are securely stowed in the overhead bin or under the seat in front of you. This is a non-smoking flight, please do not smoke on board.

The (chief) purser _____ with all your crew members will be sincerely at your service. We hope you enjoy the flight! Thank you!

2. 起飞后广播

女士们，先生们：

我们的飞机已经离开 _____ 前往 _____，沿这条航线，我们飞经的省份有 _____，经过的主要城市有 _____，我们还将飞越 _____。

在这段旅途中，我们为你准备了是（中/晚）餐。供餐时我们将广播通知您。

下面将向你介绍客舱设备的使用方法：

今天您乘坐的是_____型飞机。

您的座椅靠背可以调节，调节时请按座椅扶手上的按钮。

在您座椅的上方备有阅读灯开关和呼叫按钮。如果你需要乘务员的帮助，请按呼唤铃。

在您座位上方还有空气调节设备，你如果需要新鲜空气，请转动通风口。

洗手间在飞机的前部和后部，在洗手间内请不要吸烟。

Ladies and Gentlemen：

We have left _____ for _____. Along this route, we will be flying over the provinces of _____, passing the cities of _____, and crossing over the _____.

Breakfast (lunch, supper) has been prepared for you. We will inform you before we serve it.

Now we are going to introduce you the use of the cabin installations:

This is a _____ aircraft.

The back of your seat can be adjusted by pressing the button on the arm of your chair.

The call button and reading light are above your head. Press the call button to summon a flight attendant.

The ventilator is also above your head. By adjusting the airflow knob, fresh air will flow in or be cut off.

Lavatories are located in the front of the cabin and in the rear. Please do not smoke in the lavatories.

3. 餐前广播

女士们，先生们：

我们将为您提供餐食（点心餐）、茶水、咖啡和饮料。欢迎您选用。需要用餐的旅客，请您将小桌板放下。

为了方便其他旅客，在供餐期间，请您将座椅靠背调整到正常位置。谢谢！

Ladies and Gentlemen:

We will be serving you meal with tea, coffee and other soft drinks. Welcome to make your choice. Please put down the table in front of you.

For the convenience of the passenger behind you, please return your seat back to the upright position during the meal service. Thank you!

4. 意见卡

女士们，先生们：

欢迎你乘坐中国××航空公司航班，为了帮助我们不断提高服务质量，敬请留下宝贵意见，谢谢你的关心和支持！

Ladies and Gentlemen:

Welcome aboard ×× Airlines, comments form you will be highly valued in order to improve our service, thanks for your concern and support.

5. 预定到达时间广播

女士们，先生们：

本架飞机预定在 _____ 分钟后到达 _____。地面温度是 _____ ，谢谢！

Ladies and Gentlemen：

We will be landing at _____ airport in about _____ minutes. The ground temperature is _____ degrees Celsius. Thank you！

6. 下降时安全检查广播

女士们，先生们：

飞机正在下降。请您回原位坐好，系好安全带，收起小桌板，将座椅靠背调整到正常位置。所有个人电脑及电子设备必须处于关闭状态。请确认您的手提物品是否已妥善安放。稍后，我们将调暗客舱灯光。

谢谢！

Ladies and Gentlemen：

Our plane is descending now. Please be seated and fasten your seat belt. Seat backs and tables should be returned to the upright position. All personal computers and electronic devices should be turned off. And please make sure that your carry - on items are securely stowed. We will be dimming the cabin lights for landing. Thank you！

7. 达到终点站

女士们，先生们：

飞机已经降落在 _____ 机场，外面温度是 _____ 摄氏度。飞机正在滑行，为了您和他人的安全，请先不要站起或打开行李架。等飞机完全停稳后，请您再解开安全带，整理好手提物品准备下飞机。从行李架里取物品时，请注意安全。您交运的行李请到行李提取处领取。需要在本站转乘飞机到其他地方的旅客请到候机室中转柜办理。

感谢您选择××航空公司班机！下次路途再会！

Ladies and Gentlemen：

Our plane has landed at _____ airport. The temperature outside is _____ degrees Celsius. The plane is taxiing. For your safety，please stay in your seat for the time being. When the aircraft stops completely and the fasten seat belt sign is turned off，please detach the seat belt，take all your carry-on items and disembark. Please use caution when retrieving items from the overhead compartment. Your checked baggage may be claimed in the baggage claim area. The transit passengers please go to the connection flight counter in the waiting hall to complete the procedures.

Welcome to ＿＿＿＿＿ (city), Thank you for selecting ×× airline for your travel today and we look forward to serving you again. Wish you a pleasant day. Thank you!

8. 旅客下飞机广播

女士们，先生们：

本架飞机已经完全停稳，请您从前（中、后）登机门下飞机。谢谢！

Ladies and Gentlemen：

The plane has stopped completely, please disembark from the front (middle, rear) entry door. Thank you!

视频链接

1. 高铁乘务员服务礼仪视频。http://v.youku.com/v_show/id_XMTQ4ODU2OTg1Mg==.html。

2. 南宁客运段服务礼仪。https://v.qq.com/x/page/u0538hkl3pr.html。

第三节　旅游行业服务礼仪规范

案例导入

2017 年 8 月 8 日，四川九寨沟突遭地震。身处震中，有的游客被吓哭了，有的游客慌乱中逃离，有的游客不知所措，在原地发呆。这时，几百名导游来到酒店外面，就着应急灯光，高举着导游旗，声嘶力竭地喊着自己团队中游客的名字，焦急地指引着大家聚集。他们安抚情绪、发送物资、组织撤离，不约而同、义无反顾、不离不弃，感动了许许多多的人。

一、旅游行业服务流程礼仪

（一）旅游行业概况

旅游业是指为旅游者提供服务的一系列相关行业的统称，是以旅游者为对象，为旅游者的旅游活动创造便利条件并提供其所需服务和商品的综合性产业。旅游者的旅游活动主要包括吃、住、行、游、购、娱六个方面，涉及的相关产业包括餐饮业、旅馆业、交通运输业、旅游景区业、零售业和娱乐服务业。

旅游业是世界经济中持续高速稳定增长的重要战略性、支柱性、综合性产业，随着经济全球化和世界经济一体化的深入发展，世界旅游业更是进入了快速发展的黄金时期。

我国旅游资源丰富、旅游条件较好，对国内外旅游者具有较大吸引力。我国旅游资源丰富，文化自然遗产数量众多，截至 2017 年，我国已有 52 处文化遗址和自然景观列入联合国科教文组织《世界遗产名录》，位列世界第二位，仅次于意大利，其中文化遗产 31 项、自然遗产 12 项、文化和自然双重遗产 4 项、文化景观遗产 5 项。另外，我国的自然旅游资源和人文旅游资源尚未完全开发，尤其是中西部众多资源远未向游客揭开神秘的面纱，随着东部旅游资源的深度开发、中西部旅游资源的相继开发和旅游条件的改善，我国的旅游资源将会对世界产生越来越大的吸引力，吸引众多的旅游者前来观光。

2017 年，国内旅游总人数达 50 亿人次，国内旅游收入为 5.4 万亿元，入境旅游人数达 13948 万人次，出境旅游人数达 13051 万人次，中国已成为世界上第二大入境旅游接待国及第一大出境旅游客源国。

旅游业是世界经济中发展势头最强劲、规模最大的产业之一。

导游是我国旅游从业人员的重要组成部分，是旅游业中与各要素关联最多、与游客接触最密切的环节。

导游人员是指持有中华人民共和国导游资格证书、受旅行社委派、按照接待计划，从事陪同旅游团（者）参观、游览等工作的人员。导游人员包括全程陪同导游人员（national guide，简称全陪）和地方陪同导游人员（local guide，简称地陪）。

1. 地方陪同导游人员

地陪是受接待旅行社委派，代表接待社，实施接待计划，为旅游团（者）提供当地旅游活动安排、讲解、翻译等服务的导游人员。

地陪服务是确保旅游团（者）在当地参观游览活动的顺利，并充分了解和感受参观游览对象的重要因素之一。

地陪应按时做好旅游团（者）在本站的迎送工作；严格按照接待计划，做好旅游团（者）参观游览过程中的导游讲解工作，以及计划内的食宿、购物、文娱等活动的安排；妥善处理各方面的关系和出现的问题。地陪应严格按照服务规范提供各项服务。

2. 全程陪同导游人员

全陪是受组团旅行社委派，作为组团社的代表，在领队和地方陪同导游人员的配合下实施接待计划，为旅游团（者）提供全旅程陪同服务的导游人员。全陪服务是保证旅游团（者）的各项旅游活动按照计划实施，旅行顺畅、安全的重要因素之一。

全陪作为组团社的代表，应自始至终参与旅游团（者）全旅程的活动，负责旅游团（者）移动中各环节的衔接，监督接待计划的实施，协调领队、地陪、司机等旅游接待人员的协作关系。全陪应严格按照服务规范提供各项服务。

多年来，导游为展示旅游形象、传播先进文化、促进中外交流、推动旅游业发展做出了积极贡献。导游是旅行社的灵魂。导游员处在接待服务的第一线，导游员导游服务和服务礼仪的表现对整个旅游接待服务工作的成败起着至关重要的作用。旅游专家认为，"一名好导游会带来一次愉快的旅游，反之，肯定是不成功的旅游"。为了强调导游员的作用之重要，国际旅游界将导游员称为"旅游业的灵魂""旅行社的支柱""参观游览活动的导演"。

（二）导游服务流程礼仪

在导游服务过程中，全陪和地陪导游需要配合服务，因此本部分将二者工作结合起来阐述。

1. 导游的准备工作礼仪

（1）着装礼仪。导游员的服装应简洁、整齐、大方，不能过分华丽，一般应选择休闲装、运动装、工作服、各式便装，但必须注意着装的一些基本原则和各式服装的穿着禁忌，如女性不宜穿过短或过长的裙子，也不可化浓妆。夏季男性不能穿圆领汗衫、短裤等。在导游服务过程中，应佩戴旅行社的徽章或标牌。

（2）准备工作礼仪。熟悉接待计划：上团前，全陪要认真查阅接待计划及相关资料，了解旅游团（者）的全面情况，注意掌握其重点和特点。地陪应在旅游团（者）抵达之前认真阅读接待计划和有关资料，详细、准确地了解该旅游团（者）的服务项目和要求，重要事宜做好记录。

① 物质准备。上团前，全陪要做好必要的物质准备，携带必备的证件和有关资料。地陪应做好必要的物质准备，带好接待计划、导游证、胸卡、导游旗、接站牌、结算凭证等物品。

② 接待工作。根据需要，接团的前一天，全陪应同接待社取得联系，互通情况，妥善安排好有关事宜。

地陪要适时核对接待车辆、就餐安排、交通购物落实情况，确定与接待车辆司机的接头时间与地点，并督促司机将车身和车内清洗、清扫干净。备好醒目的接团标志，最好事先了解全陪的外貌特征、性别、装束等。凡导游人员到机场、车站、码头迎接客人，必须比预订的时间早到等候客人，而绝不能让客人等候接团导游。

2. 导游的迎送接待礼仪

（1）导游迎客礼仪。全陪的首站接团服务要使旅游团（者）抵达后能立即得到热情友好的接待，让旅游者有宾至如归的感觉。

接团前，全陪应向接待社了解本站接待工作的详细安排情况；应提前半小时到接站地点迎候旅游团（者）；接到旅游团（者）后，应与领队核实有关情况；应协助领队向地陪交接行李；应代表组团社和个人向旅游团（者）致欢迎辞。欢迎辞应包括表示欢迎、自我介绍、表示提供服务的真诚愿望、预祝旅行顺利愉快等内容。

在接站过程中，地陪应使旅游团（者）在接站地点得到及时、热情、友好的接待，了解在当地参观游览活动的概况。

旅游团（者）抵达前的服务安排：地陪应在接站出发前确认旅游团（者）所乘交通工具的准确抵达时间；应提前半小时抵达接站地点，并再次核实旅游团（者）抵达的准确时间；应在旅游团（者）出站前与行李员取得联络，通知行李员行李送往的地点；应与司机商定车辆停放的位置；应在旅游团（者）出站前持接站标志，站立在出站口醒目的位置热情迎接旅游者。

旅游团（者）抵达后的服务：旅游团（者）出站后，如旅游团中有领队或全陪，地陪应及时与领队、全陪接洽；地陪应协助旅游者将行李放在指定位置，与领队、全陪核对行李件数无误后，移交给行李员；地陪应及时引导旅游者前往乘车处。旅游者上车时，地陪应恭候在车门旁。上车后，应协助旅游者就座，礼貌地清点人数；行车过程中，地陪应向旅游团（者）致欢迎辞并介绍本地概况。

旅游团队接送是导游人员的一项十分重要的工作，接团工作的礼仪是否周全，直接影响着旅行社和导游在客人心目中的第一印象；而送团则是带团的最后一项工作，如果前面的工作客人都非常满意，但送团工作出现了礼貌不周的问题，同样会破坏旅行社和导游人员在客人心目中的整体形象，并使陪团前期的努力前功尽弃。为此，搞好导游服务工作，迎送礼仪是十分重要的。

① 热情迎接。客人到达后，应主动热情迎上前去，先行自我介绍，再确认对方身份，核对团号、实际抵达人数、名单及特殊要求等。寒暄问候后，协助提拿包裹，办理有关手续；迅速引导客人来到已安排妥当的交通车旁，指导客人有秩序地将行李放入行李箱后，再招呼客人按次序上车。

② 乘车服务。客人上车时，导游最好站在车门口前迎候，用手护住门顶以防客人碰头。上车时注意安排陪车的礼宾次序，等游客上完车后，自己再上车。客人上车就座后，礼貌地清点人数无误后请司机开车。清点游客人数时要默数，切忌不礼貌地用手指点游客。下车时，导游员先下车，在车门口协助游客下车。

③ 致欢迎辞。等到全员上车之后致欢迎辞，宣布团队游览日程和行程计划。为帮助客人熟悉城市，可准备一些有关的出版物给客人阅读（如报纸、杂志、旅游指南等）。注意观察客人的精神状况，如客人精神状况较好，在前往酒店途中，可向来客介绍饭店情况、活动日程，可就沿途街景介绍一下当地民俗风情、旅游景点等。如客人较为疲劳，则可让客人休

息。

④ 安排食宿。旅游者抵达饭店后，地陪应尽快协助其办理好入店手续，进住房间，取到行李，及时了解饭店的基本情况和住店注意事项，熟悉当天或第二天的活动安排。为此，地陪应在前往饭店的途中向旅游者简单介绍饭店情况及入店、住店的有关注意事项，内容应包括饭店名称和位置、入店手续、饭店的设施和设备的使用方法、集合地点及停车地点。

旅游团（者）抵饭店后，地陪应引导旅游者到指定地点办理入店手续。

旅游者进入房间之前，地陪应向旅游者介绍饭店内就餐形式、地点、时间，并告知有关活动的时间安排。

地陪应等待行李送达饭店，负责核对行李，督促行李员及时将行李送至旅游者房间。

地陪在结束当天活动离开饭店之前，应安排好叫早服务。

⑤ 核对日程。全陪应认真与领队核对、商定日程。如遇难以解决的问题，应及时反馈给组团社，并使领队得到及时的答复。

旅游团（者）开始参观游览之前，地陪应与领队、全陪核对、商定本地节目安排，并及时通知到每一名旅游者。

⑥ VIP 客人的迎送。迎送贵宾时，应事先在机场（车站、码头）安排贵宾休息室，并准备好饮料、鲜花。如有条件，在客人到达之前可将酒店客房号码或乘车牌号通知客人。派专人协助办理出入关手续。客人抵达前，应通知酒店总台，在客人入住的房间内摆上鲜花、水果。宾客抵达住所后，一般不易马上安排活动，应留一些时间让宾客休息。

全陪的各站服务，应使接待计划得以全面顺利实施，各站之间有机衔接，各项服务适时、到位，保护好旅游者人身及财产安全，突发事件得到及时有效处理。为此，全陪应向地陪通报旅游团的情况，并积极协助地陪工作；监督各地服务质量，酌情提出改进意见和建议；出现突发事件按有关原则执行。

⑦ 讲解要求。参观游览过程中的地陪服务，应努力使旅游团（者）参观游览全过程安全、顺利，应使旅游者详细了解参观游览对象的特色、历史背景等以及其他感兴趣的问题。

⑧ 出发前的服务。出发前，地陪应提前 10 分钟到达集合地点，并督促司机做好出发前的各项准备工作。

地陪应请旅游者及时上车。上车后，地陪应清点人数，向旅游者报告当日重要新闻、天气情况及当日活动安排，包括午、晚餐的时间、地点。

⑨ 去往景点途中的讲解。在前往景点的途中，地陪应根据时间要求向旅游者介绍本地的风土人情、自然景观、景区概况，回答旅游者提出的问题。

抵达景点前，地陪应向旅游者介绍该景点的简要情况，尤其是景点的历史价值和特色。抵达景点时，地陪应告知在景点停留的时间，以及参观游览结束后集合的时间和地点。地陪还应向旅游者讲明游览过程中的有关注意事项。

⑩ 景点导游、讲解。抵达景点后，地陪应对景点进行讲解。讲解内容应繁简适度，应包括该景点的历史背景、特色、地位、价值等方面的内容。讲解的语言应生动，富有表达力。

在景点导游的过程中，地陪应保证在计划的时间与费用内，旅游者能充分地游览、观赏，做到讲解与引导游览相结合，适当集中与分散相结合，劳逸适度，并应特别关照老弱病残的旅游者。

在景点导游的过程中，地陪应注意旅游者的安全，要自始至终与旅游者在一起活动，并随时清点人数，以防旅游者走失。

⑪ 就餐要求。旅游团（者）就餐时，地陪的服务应包括简单介绍餐馆及其菜肴的特色；引导旅游者到餐厅入座，并介绍餐馆的有关设施；向旅游者说明酒水的类别；解答旅游者在用餐过程中的提问，解决出现的问题。

⑫ 购物要求。旅游团（者）购物时，地陪应向旅游团（者）介绍本地商品的特色；随时提供旅游者在购物过程中所需要的服务，如翻译、介绍托运手续等。

⑬ 文娱要求。旅游团（者）观看文娱节目时地陪应简单介绍节目内容及其特点，引导旅游者入座；在旅游团（者）观看节目过程中，地陪应自始至终坚守岗位。

在向异地移动途中，无论乘坐何种交通工具，全陪应提醒旅游者注意人身和物品的安全；组织好娱乐活动，协助安排好饮食和休息，努力使旅游团（者）旅行充实、轻松、愉快。

（2）导游送客礼仪。

① 送客安排。全陪应提前提醒地陪落实离站的交通票据及准确时间，协助领队和地陪妥善办理离店事宜，认真做好旅游团（者）搭乘交通工具的服务。

客人活动结束前，要提前为客人预订好下一站旅游或返回的机（车、船）票；客人乘坐的车厢、船舱尽量集中安排，以利于团队活动的统一协调。送客时，根据客人离去的时间，安排好购票、结算、赠送礼品、摄影留念、欢送宴会等事宜。为客人送行，应使对方感受到自己的热情、诚恳、礼貌和修养。临别之前应亲切询问客人有无来不及办理、需要自己代为解决的事情，应提醒客人是否有遗漏物品并及时帮助处理解决。

末站（离境站）的服务是全陪服务中最后的接待环节，要使旅游团（者）顺利离开末站（离境站），并留下良好的印象。

在当次旅行结束时，全陪应提醒旅游者带好自己的物品和证件，征求旅游者对接待工作的意见和建议，对旅途中的合作表示感谢，并欢迎再次光临。

② 遗留问题。下团后，全陪及地陪应认真处理好旅游团（者）的遗留问题。

全陪应认真、按时填写《全陪日志》或其他旅游行政管理部门（或组团社）所要求的资料。

旅游团（者）在结束当日活动时，地陪应询问其对当日活动安排的反映，并宣布次日的活动日程、出发时间及其他有关事项。

旅游团（者）结束本地参观游览活动后，地陪应使旅游者顺利、安全离站，遗留问题得到及时妥善的处理。

旅游团（者）离站的前一天，地陪应确认交通票据及离站时间，通知旅游者移交行李和与饭店结账的时间；离饭店前，地陪应与饭店行李员办好行李交接手续；应诚恳征求旅游者对接待工作的意见和建议，并祝旅游者旅途愉快；应将交通和行李票证移交给全陪、领队或旅游者；地陪应在旅游团（者）所乘交通工具起动后方可离开；如系旅游团（者）离境，地陪应向其介绍办理出境手续的程序，如系乘机离境，地陪还应提醒或协助领队或旅游者提前 72 小时确认机票。

③ 特色礼品。赠送的礼品要注意携带方便，突出地方特色，具有保存价值。送站人员尽量帮客人将行李安顿好。

④ 致欢送辞。送行途中，要致欢送辞，使游客感受到自己的热情、诚恳、教养和礼貌，同时要祝大家旅途愉快，欢迎再来。

⑤ 返回。火车、轮船开动或飞机起飞以后，应向客人挥手致意，祝客人一路顺风，然后离开。如果自己有其他事情需要处理，不能等候很长时间，应向客人说明原因并表示歉意。

3. 导游的住店服务礼仪

（1）入店服务礼仪。到达酒店后，协助客人登记入住，并借机熟悉客人情况，随后，将每个客人安排妥帖，协助地陪和饭店行李员将客人行李分送到每一个客人的房间。若游客客房存在问题，导游员应及时协助处理，使客人住得安全舒适。

客人进房前先简单介绍游程安排，并宣布第二天日程细节。第二天活动如安排时间较早，应通知总台提供团队客人的叫早服务，并记住团员所住房号，再一次与领队进行细节问题的沟通协调。

不要忘记询问客人的健康状况，如团队客人中有身体不适者，首先应表示关心。若有需要，应想办法为客人提供必要的药物进行预防或治疗，以保证第二天游程计划的顺利实施。

与客人告别，并将自己的房间号码告知客人，不可久留。

（2）入房间礼仪。导游人员如确因工作需要要到游客房间，应注意以下礼节。

① 预约。有事到客人房间要预约，并准时到达。尊重客人的作息习惯，尽量避免在休息时间或深夜打扰对方，因急事需要见面又未经约定前去打搅时，应先表示歉意，说明打搅的原因，并及早离开；除特殊情况外，一般不要站在房间门口与客人谈日程；事先没有约定的谈话，时间一定要短。

② 敲门。进门前要先敲门，经允许后方可进入；不要随意去客人的房间，特别尽量不要单独去异性客人的房间，如果情况需要，进房后门要半

掩着。

③ 不随意乱动。在室内，未经主人同意，即使是较熟悉的朋友，也不要随意触动、翻看客人的物品、书籍等。有事到客人的房间，在客人没有示意请坐时，一般不要自己先坐下再说，更不要坐在客人的床上，尽量不要使用客人房间的卫生间。

4. 导游的用餐服务礼仪

（1）用餐准备礼仪。地陪要提前落实旅游团当天的用餐，将领队介绍给餐厅经理或主管，并告之游客的特殊饮食习惯。

在游客入住前应先介绍就餐形式、地点、时间及有关规定，并向客人介绍旅游安排和第二天日程细节。

（2）用餐服务礼仪。旅游团第一次用餐时，导游员要亲自带领旅游团客人进入餐厅，介绍用餐有关设施及其菜肴的特色。

用餐过程中，地陪要巡视旅游团用餐 1~2 次，解答游客在用餐过程中提出的问题，监督、检查餐厅是否按照标准提供服务，解决出现的各种问题。

用餐后，地陪要严格按照实际用餐人数、标准、饮用酒水数量等，如实填写"餐饮费用结算单"，与供餐单位结账。

5. 导游的游览服务礼仪

游客在游览过程中的舒适愉悦体验程度与导游员的服务水平、敬业精神、礼仪修养息息相关。具体来说，导游员在游览过程中要遵守以下礼仪要求。

（1）出发前的礼仪。修饰自身形象，每天出发前，应提前 10 分钟到达集合地点。先向游客主动、热情打招呼，但不要主动与游客握手，当游客伸手时应热情大方地递握。核实清点人数，准时集合登车。提醒注意事项，重申当日活动安排。

（2）途中礼仪。介绍旅游景点，导游员切忌沉默不语，而应向游客介绍当地的风土人情及简要介绍即将参观的景点的基本情况。也可根据游客的特点、兴趣、要求穿插一些历史典故、社会风情，以增加游客的游兴。还可组织文娱活动以活跃旅途的气氛，增进感情交流。

在车上或景点做讲解时，要正确掌握语言节奏，合理运用修辞手法和格言典故，做到语言、语调适度优美，抑扬顿挫，语速快慢、节奏运用合理，语言要文雅而不失幽默。使用语言讲解的同时，可辅以手势，但动作不宜过多、过大。表情要自然亲切，态度要和蔼热情。

留意客人走向，防止客人走失。要特别注意游客安全，特别要照顾好老、弱、病、残、幼。要经常清点人数，提醒游客注意安全和保管好自己的贵重物品。

为客人做好文明游客的榜样，尊重老人和女性，爱护儿童，进出房间、上下车，要让老人、妇女先行，对老、弱、病、残、幼应主动给予必要的协助与照料。注意尊重他人隐私，政治、宗教敏感话题不要谈论。游客提问时，要耐心听取，及时解答。导游过程中要平均分配自己的注意力，尽量照顾全体成员，不可冷落任何一位客人，要照顾、配合全体成员行走步伐的快慢。带团过程中，与客人在一起的时候，不得抽烟，不吃有异味的食品。与旅游者交谈时，话题应愉快、轻松、有趣。对客人不愿回答的问题，不要追问；遇到客人反感或回避的话题，应表示歉意，并立即转换话题。做好与其他服务工作人员的配合。

6. 导游的购物服务礼仪

（1）积极正确的引导。导游要态度诚恳地提醒游客不要随便购物，不要到非旅游定点商店去购物。若购买古玩或仿古艺术品，导游应带其到文物商店去购买，并提醒游客保存好发票，不要将物品上的火漆印去掉，以便海关检验。

导游要应游客之请，以客观公正的态度介绍旅游产品，介绍要留有余地，引导游客按自己的需要进行购买。

导游应尊重游客的选择，只有游客自己做出的自觉、自主的选择才是合理的选择。

（2）耐心细致的服务。不要主动为游客当参谋，导游要了解游览地区的特色产品，并根据游客的基本资料，间接揣摩出游客的购物心理，根据不同游客的特点，进行服务。注意：导游不要主动为游客当参谋，防止自己卷入到无端的购物纠纷中。

提高工作效率，处理好购物和观光游览的关系，合理安排购物的时间和次数，维护游客的合法权益，使购物和游览相互补充，增加游客满意度，提高自己工作效率。

二、旅游行业服务用语规范

导游语言是导游人员与旅游者之间相互沟通、交流情感、表达心意和解决各种问题而使用的一种媒介和工具，是一种应用性非常突出的专业语言。

导游语言是旅游服务质量和服务水平的重要标志。导游语言在旅游服务中的价值是任何工具都无法代替的，它既代表了企业形象，又体现了导游的价值。导游语言是具有丰富表达力、生动形象的口语化语言。在导游活动中注意多运用日常用语词汇或浅显易懂的词汇，避免使用难懂、拗口的词汇，要从生活中找语言，使讲解语言更贴近旅客。此外，还要在导游活动中多用短句，以便讲起来顺口，听起来轻松。但是，强调导游语言的口语化，并不意味着忽视语言的规范化，也不意味着庸俗化，要注意导游语言的优雅文明，切忌粗言俗语，切忌使用忌讳的词语。

《导游服务质量》（GB/T 15971—1995）指出："无论是外语、普通话、地方语、少数民族语言导游人员，都应做到语言准确、生动、形象、富有表达力，同时注意使用礼貌用语。"在我国使用最为广泛的导游语言是普通话，因此导游人员应在讲解时尽量使用普通话为旅游者进行服务。

导游语言是非常典型的职业语言，这与旅游活动内容相关，包括天文地理、琴棋书画、碑文名帖、花鸟鱼虫、城池墓穴等，并多以风景园林、历史典故、建筑风格、名胜古迹、风土人情等词语为主题。因此，这也要求导游人员在讲解服务前要做好充分的准备工作，才能做到叙述时栩栩如生、评论时鞭辟入里、说明时绘声绘色、模仿时惟妙惟肖。在词汇的选择方面，应尽量选择大众化的词语，以及人们喜闻乐见的谚语、歇后语、成语、习惯用语等，这样更有利于游客接受。

1. 导游欢迎辞

"有朋自远方来，不亦乐乎。万年修得同船渡。千里有缘来相会。"

"世界像部书，如果您没出外旅行，您可只读书中一页，现在您在我们这里旅行，让我们共同读好中国这一页。"

"来自全国各地的朋友们（或各位美丽的女士们、英俊的男士们）：你们好！欢迎你们来××旅游！很荣幸认识大家，更荣幸为大家导游。首先做一下自我介绍，我姓×，名叫××，这位司机先生姓×，希望我们今天的服务能使大家满意。"

"各位游客朋友们大家好！欢迎来到××旅游，首先我仅代表我们××旅行社对大家的到来表示热烈的欢迎，我是大家今天的导游××，我姓×，大家叫我小×或×导，我都非常的高兴。为我们驾车的这位是×师傅，他有着多年的驾车经验，技术娴熟，所以大家可以不必为旅途的安全所担心。在旅途中我和×师傅会尽心尽力地为大家提供服务，如果大家有什么问题，请大家提早告诉我们，我们会尽量为大家解决，那先祝大家有个愉快的旅程。"

【欢迎辞例】

　　各位游客：大家好。非常高兴能够在我们美丽的青岛与诸位相识，请允许我代表××旅行社的全体员工对各位的到来表示热烈的欢迎，并要向大家道一句：旅途辛苦了！我先做一下自我介绍，我姓×，大家叫我小×、×导都可以。我身旁的这位是司机×师傅，他有着多年的驾驶经验。开过车的朋友可能都听过这么一句话，"到了吉林是急开，到了内蒙古是猛开，到了上海是胡开，那到了我们青岛就是轻开了"。这不是说我们青岛的司机开车慢，而是指我们青岛的司机开车既有速度又有安全。所以大家对我们的行车安全尽可以放心。在行车途中，为了避免意外发生，请大家不要把您的头、手、肘伸到车窗外，在游览途中旅游车就是我们的第二个家，请大家注意保持车上的卫生。如果您有什么要求，可以直接告诉我，我将会尽力为您服务。大家注意一下我们的车是蓝白相间金龙车，车牌号为×××××××，请大家在上下车时注意识别。

　　有句俗话说得好"百年修得同船渡"，同样，今天我们是百年修得同车行！有缘分和大家走到一起，并且做大家的导游，我感到非常荣幸！我们将以"宾客至上，服务第一"为宗旨，尽心尽力为各位做好服务工作，同时，也希望大家能够支持和配合我们的工作，让我们共同开心、愉快地完成这次青岛之行。也希望在大家认识青岛、了解青岛后会更加喜爱青岛——我们这座美丽的海滨城市。

最后预祝大家在旅行期间心情愉快，处处平安。

2. 导游欢送辞

【欢送辞例】

虽然舍不得，但还是不得不说再见了，感谢大家几天来对我工作的配合及给予我的支持和帮助。我自问是一个有责任心的人，但是在这次旅游过程中，还是有很多地方做得不到位，大家不但理解我，而且十分支持我的工作，就是这些点点滴滴的小事情使我感动。也许我不是最好的导游，但是大家却是我遇见的最好的客人，能和最好的客人一起度过这难忘的几天，这也是我导游生涯中最大的收获。作为一个导游，虽然走的都是一些自己已经熟得不能再熟的景点，不过每次带不同的客人却能让我有不同的感受。在和大家初次见面的时候我曾说，相识即是缘，我们能同车而行即是修来的缘分；而现在我觉得不仅仅是缘了，而是一种幸运，能为最好的游客做导游是我的幸运。

我由衷地感谢大家对我的支持和配合。其实能和大家达成这种默契真的是很不容易，大家出来旅游，收获的是开心和快乐；而我做导游带团，收获的则是友情和经历。我想这次我们都可以说是收获颇丰吧。也许大家登上飞机后，我们以后很难会有再见面的机会，不过我希望大家回去以后和亲朋好友回忆自己的山东之行的时候，在描述泰山如何雄伟壮丽、孔庙如何饱经沧桑之余，不要忘了加上一句，在济南有一个导游小 L，那是我的朋友！

最后，预祝大家旅途愉快，以后若有机会，再来济南会会您的朋友！

📺 视频链接

1. 导游服务礼仪 教学视频。https://v.qq.com/x/page/u0350e6he62.html。
2. 江苏省导游服务规范（2015 合集）。https://v.qq.com/x/page/t0191y70t1l.html。

参考文献

[1] 姬仲鸣，周倪. 孔子：上卷［M］. 北京：中央民族大学出版社，1998.

[2] 姬仲鸣，周倪. 孔子：下卷［M］. 北京：中央民族大学出版社，1998.

[3] 杨朝明. 荀子［M］. 开封：河南大学出版社，2008.

[4] 黄怀信. 大学 中庸讲义［M］. 北京：清华大学出版社，2013.

[5] 司马光. 资治通鉴［M］. 太原：北岳文艺出版社，2013.

[6] 刘同. 谁的青春不迷茫［M］. 北京：中信出版社，2012.

[7] 李清如. 跟杨澜学做完美女人［M］. 武汉：武汉出版社，2012.

[8] 周小平. 请不要辜负这个时代［M］. 海口：南海出版公司，2014.

[9] 袁涤非. 现代礼仪［M］. 北京：高等教育出版社，2014.

[10] 翟文明. 社交与礼仪知识全知道［M］. 北京：中国华侨出版社，2015.

[11] 胡锐. 现代礼仪教程［M］. 杭州：浙江大学出版社，2004.

[12] 张岩松. 现代交际礼仪［M］. 北京：经济管理出版社，2002.

后　记

2017 年年末，全国知名礼仪专家袁涤非教授邀请我参与"中国礼仪文化丛书"的编写工作，接到邀请的我感到万分荣幸。我接受了其中两本的编写任务，分别是《服务礼仪》《生活礼仪》。由于时间紧、任务重，我分别又邀请了王姿琰老师与贺罗娜老师与我一同进行《服务礼仪》的编写工作；刘彦萍老师、马丽老师、朱娜老师与我一同进行《生活礼仪》的编写工作。

近半年的时间里，这两本书的完成来之不易。由于参与编写的老师基本都是人到中年，上有老，下有小，除了平时的日常工作、家庭琐事，留给我们的写作时间确实非常有限。我们经常互相沟通、互相勉励。大家都付出了辛勤的劳动，才得以呈现出现在的作品。

在此，我对以上参与编写的老师表示感谢！谢谢你们的认真、谢谢你们的辛苦！

《服务礼仪》这本书，主要阐述了服务礼仪的基本知识，书中选取了具有代表性的六个服务行业，为其梳理了在工作流程中应遵循的礼仪细节，希望能对服务行业的从业人员起到一定的帮助作用。

也请广大书友在阅读本书以后，能给我们提出宝贵的意见和建议。

编著者

2018 年 4 月